成功的背後

success

陳祖彥 主編

臺灣商務印書館

《成功的背後》序

我們還不必對世界失望

陳祖彥

現代人大抵已不太把成功掛在嘴邊，放在心裡，他卻仍然難以意會，不可言傳，也許換了名，換了裝，無所不在，蹲在人們的人生角落。

這種換裝、改名後的「成功」，據南方朔觀察，至少二〇〇〇年就已開始，本書出現的每位作者，或多位作者誠意書寫的人物，無疑未被「變裝的成功」迷惑，至少還有這些人，才有誕生本書的必要。

王鎮華教授將成功的範疇更簡化為六種：成就、成名、成功、成熟、成德、成道。其中成功，他認為，「重點在用心、下功夫。石頭不會自己矻立山頂。」以這個論點，看本書人物，抽絲剝繭後，首先，看到一個「導致成功的源頭」。

不久前，常有人說：「跟著感覺走」，這個源頭卻是，發現自己的興趣後，跟興趣走，再簡單不過的道理。所以鍾肇政在求學階段，沒有學李登輝在房間外一盞小燈下深夜讀課本，他讀世界名著是興趣，黃春明叛逆，像個小浪子，實際上用心以腳讀地理，別具一格的文學家當時都有「不算主流」的選擇。胡乃元幼年觀賞電影「狂想曲」，聽到柴可夫斯基的小提琴協奏曲配樂，有了夢；呂麗莉因為啟蒙老師的風範，也有夢，兩位不同領域的著名音樂家當初選擇的，也不過是興趣。張系國在保送台大電機系時，決定不放棄文學，往後沒有專心沉潛文學或科學，成為大江健三郎或楊振寧，卻遊走於文學與科學間，又因徹底瞭解生活的真諦，成了真正的生活者。還有鄭鵬基功課不好，選擇和打抱不平天性相近的法律系，就漸漸走出了創意、務實的路。而南方朔「導致成功的源頭」是深夜母親的哭聲，「……世界上大概只有母親的眼淚可以讓人淨化。我後來的人生種種，從那個時候開始。儘管沒什麼顯赫風光，但再也不願讓母親在暗夜中繼續她絕望或羞辱的淚水。」他如此寫。

確實，開始的時候，我們看不出嚴長庚有什麼成功契機，他不像書中呂麗莉、張系國、胡乃元、南方朔、黃春明、葉金川、陳維昭等人資賦優異，作對選擇就好。或者嚴長庚其實也天賦優良，但命運把他丟在戰亂年代，連求學都困難，卻難得在孤兒院、來台最初的匱乏中都感受富有，自得其樂，這是他特殊的地方，加上不怕吃苦，終成了印刷業、慈善業的代表，這種為命運支配，結果和命運對話的定力，光啟文化事業的社長鮑立德神父是另一個例子。

和陳信元教授及丘秀芷〈走自己的路〉裡，描寫的身障人物相比，嚴長庚的「不幸」又非常渺小，陳信元說：「電擊救活的這條命，沒有隨意揮霍的本錢。」他因而授課、工作之外，每天做腹膜透析，從浮躁中，找到更深刻的人生道理；丘秀芷形容的身障者是：「盲者創作也好，記別人的曲也好，十分艱難。尤其背外國歌曲—多數盲人無緣看中文字型，或看A、B、C，硬是一次次的聽，硬背下來。有的一時背不下，用點字記，所以他們背誦時，閱讀時，手指在看來『一無所有的』白紙上移動。」又寫：「身障每跨出一步，就有許多難題。」

於是，梁丹丰以柔弱身姿拿著畫筆，畫紙赴天涯、地角做美感紀實，無疑這遠方的連續移動畫面，不僅透出孤獨，其中意志力、毅力更像她力透紙背的字，深印在走過的山山水水。呂麗莉的意志力、選擇力、毅力更在愛情與虛名間的取捨，理想與家庭間的調和上，表露出無疑的韌力，及女人的在在艱難。蔡素芬選寫的香奈兒（Gabrielle Chanel,1883-1971），她從孤兒院走出來是傳奇，七十歲了，身邊的親人一一離去，還重新打亮品牌更是奇。而葉金川的人生哲理，似乎也就暗合上述這些人的信念，葉金川常對學生說：「一個年輕人要有創意，要有活力，如旭日東昇；到了中年以後，以事業、健康為重，如日中天；到了老年，要顛覆夕陽的觀念，延續日正當中的心境，去追尋年輕時錯過的夢想。」又說：「活到老，也要鬥志十足。更包括正義的鬥志展現出完美的深度、廣度。」

必須提另一位女性書寫者陳藹玲，她在優渥的環境，枕高枕，卻掛念別人是否也枕高枕，做美夢，這應該是善念、智慧。一如前台大校長陳維昭在〈巨大的背後〉那篇文章批露的，他在日本留學三年後，可留在日本接受最低副教授的職務，或回台灣以講師作起，他選擇回台灣，因為「一步步走來，確實比較踏實。」這不就像王博偉表示的：品德與公民教育的重要。王博偉說：「簡單的說。品德教育是全人教育，是教育『人』成為怎樣去做一個人；公民教育則是教育『人』成為國家的公民，甚至為世界的公民。」他每次代表扶輪社到各處演講，都不忘這個越老越陳越香，卻已讓大多數人忘卻香味的題目。

抽絲剝繭後，得到的答案是：若沒有品德的支撐，成功不僅是過眼煙雲，也就像南方朔在二〇〇〇年就有的憂慮，一切不過是花枝亂竄的亂象。

慶幸本書的作者及多位作者描述的人物，以他們當時意識到或其實矇矓的道德觀，找出興趣後又勤懇、認真、創意、毅力……，鋪陳出一個，我們還不必對世界失望的理由。

十九世紀美國詩人郎費羅（Henry W. Langfellow,1807–1882）寫：「靜下來，悲傷的心，別再訴苦氣餒……」，（見〈世界不再喧囂？〉一篇。）是的，真正成功的面貌清晰起來了，我們還有不必對世界失望的理由，以書為證。

序

我的故事

他，她，他們的故事

看法與見解

◦ 我的故事

我成功了嗎？

聲樂家／呂麗莉

啟蒙老師的風範、成就，對學生有絕大影響。——呂麗莉

常有人問我，幾歲學聲樂最合適？我認為最適合學聲樂的年紀，從生理及心理上來看，都是十七、八歲，那時作基礎訓練最好，那時候可唱些音程、節奏、基本發音上，旋律簡單、歌詞少的曲子。但是，近十年來，國中女生變聲的困擾少些，如果是資賦優異的女孩，國中開始唱義大利文歌曲，這樣聲樂的基礎訓練，變成是正常的學習了。

我個人在國小參加合唱團時，就被老師評定為條件優異，在合唱團

中音量最大，帶動合唱團的氣勢。現在看來，當時的老師還不知道和聲的重要，也不注重聲音的和諧。

我高中唸的是高雄女師，音樂老師是金慶雲、蕭泰然及一位蘇教授等三位教授，他們直到現在都還在音樂界執牛耳，當時教導我們的方法不俗。因此，讓我們嚮往古典音樂，懷著夢想，很自然沒走上流行歌曲的路。想來啟蒙老師的風範，成就，對學生有絕大影響。

我從小到現在接觸的環境很廣，由於父親從年輕就帶領劇團、演員到處演戲，來台後這批人都進入演藝界，雖然父親後來任高雄的小學校長，從前演藝圈認識的人還是常來家裡。教育界、家長來的也不少。那時要進入演藝圈非常容易，但是我只要聽到音樂，就能在風琴上彈和聲、伴奏歌曲，連幼稚園老師都會在上課時要我彈風琴給小朋友聽，「小朋友教小朋友」是兒時最鮮明的記憶。我和古典音樂結緣，應該說從小時候開始。

後來在大學唸音樂系時，已得過全國歌劇競賽最佳女主角銀像獎了，對唱歌有自己的看法，對指導教授的教法不太理解，不能適應，於是，換適合自己個性的教授，一路上都是自己主動找老師，認為不合適就離開。

民國六十年左右，我體認到聲音雖然摸不到，看不到，無色、無形狀，在聲樂教法上是抽象的，譬如形容聲音的放鬆度，氣的向下，共鳴的前後等等，雖然如此，教法上，卻應該有一套生理、心理、藝術三方面相結合的訓練方式，尤其進入二十一世紀的今天，所有藝術都進入e化階段，更是如此。

當時，六十年代我對舞台的戲劇、舞蹈，都有強烈的興趣，更覺得「方法」的實際化，是有必要研究的。於是找到國人在西德柏林唯一登台擔綱歌劇主角的吳文修教授，解我疑惑，我多年的疑惑，終於在他的唱法上，觀念上得到解答。從此努力跟隨吳教授學習。辛苦的過程讓我在音樂這條路上選擇了不歸路，直到踏上捷克布拉格的史梅塔那歌劇院，主演《蝴蝶夫人》，我出台前都捏一下自己大腿—這是不是真的？

這一生的榮耀，我始終很感激給我帶來機會與磨練的師長與朋友、學生，「成功」絕不是一個人可以做到的，努力、天賦、機遇，三者缺一不可。

到義大利學習是夢想之一的實現，更確定了音樂在我生命中的重要，在發聲法上，自己已有些許專業概念，知道要追求的是什麼，況且在出國前已結婚生女，我是拋夫棄女到義大利求學的，所幸一入學考就被評定三年級，（五年可畢業）有了這種程度上的被肯定，學習起來格外努力，一天當十天用，以兩年半的時間修完五年課程，這兩年半裡，除了校內課程外，也常坐四小時火車到外地尋找大師如Caompogaliani（Pavarotti帕瓦洛帝及Freni芙蕾妮的老師，而這兩位正是我最崇拜的聲樂家。）畢業後，大師還希望我留下來在威若那露天劇院（Verona）唱《蝴蝶夫人》，我一口氣回絕，當時我對日本調式與舞台和服、動作有點距離，現在想來有些後悔，但在演唱生涯中，能以《蝴蝶夫人》為代表作品還是引以為傲，也是始料未及。

聲樂的領域不進則退，尤其人從青年到中年有不同體能。女人和男人也不同。在演唱的生理上，要非常嚴謹，非常理解的面對生理變化才行，包含聲帶、肌肉、呼吸等，否則自己唱得陶醉，聽的人可能覺得受虐待。每日均衡練習，觀摩吸取別人的優點，檢討自己的缺點，是不退步的原則。

而舞台上的演出，困難度包括當天的心態、場地、音響，還有所有加在一起氣氛的好壞，在台下練習九十九次都平順，最後站到台上才是真正的成功與否。這和文學、繪畫、攝影不同，靜態的東西沒有臨場面對的問題，音樂、舞蹈演出，就有所謂臨場感的難題。臨場的發揮，對最終呈現的優劣常常不是加分就是減分。「平時如戰時」「戰時如平時」這種心態對演出，有很大的穩定作用。人在舞台上一旦穩定了，演出的效果不管歌聲及藝術的整體表現都是從容的做到，代表自己在音樂修為上的表現，反之，是空有技術，沒有藝術，是空泛的歌聲。當演出者的歌聲能讓聽者進入心坎，才真正產生台上台下的共鳴。不論捷克布拉格的《蝴蝶夫人》還是台北國家劇院的《蝴蝶夫人》，每次演出，讓觀眾流淚感動，自己所付出的研究、學習得到肯定，是我記憶中最美的部份。

記得第一次獲獎在民國五十八年代表南部某軍中藝術團隊參加全國歌劇競賽，其他軍中的男女主角都是大學音樂系畢業，而我尚未進大學，在激烈競爭中得到最佳女主角銀像獎，是我一生的起點。真要感謝黃瑩、林爾發、李子韶三位音樂界前輩的教導，由高雄北上參賽時，前晚緊張得睡不著。驚動了導演、作曲家。他們都特別為我做心理輔導，雖然二十小時沒睡覺，演出順利，所有舞台佈景、燈光、導演、樂團，全力為競賽所做的努力，包括每分每秒都在預定時間中完成的換景、換場工作。這些才讓我得到最佳女主角銀像獎，更重要的是，我學到了「全力以赴」的工作態度。那年我十八歲。

另一個記憶深刻的得獎記憶是，民國六十九年在義大利布雷霞歌劇院獲得當地歌劇協會所頒「最佳歌劇演唱家」，得到這項榮譽時，心中頗激動，在歌劇的故鄉義大利頒的獎，當然是了不得的肯定，我獲得他們的認同、讚賞，也成了更努力的動力。

可是，剛從義大利回國時，唱中文曲子，好像外國人在唱中文，義大利文的母音聲腔，也許可以把西方作品，在旁人聽不懂的情況下，也顯出聲音的圓潤、甜美，移植到中文來，讓人聽不懂歌詞是不應該的，這也是我近二十年努力去調適，從義大利回國後，專心研究中西方歌樂的異同，希望能將西方聲樂的優點，加上中文的咬字唱腔（以字帶腔形成韻）的方法，寫出兩篇十二萬字的心得，也算稍能交代。

在演唱的歌劇曲目上，我覺得有趣的是，《杜蘭朵公主》和《蝴蝶夫人》都以東方國度為背景，大家感覺親切又熟悉，這是佔便宜的地方，相對的也因為太熟悉少些吸引力。如果國人推出這兩個劇，由國人演出，吸引力會降低。只能與外國歌唱家搭配演出，才有票房可言。如以內行人的角度來看，則不管東方人或西方人來演，只有表現得好或壞的分野。

當然，劇場對opera及singer的表演效果極重要，劇場大小適中，音響在〇．二—〇．四之間的殘響是有必要的，如國父紀念館兩千四百個座位與國家音樂廳座位相似，但兩個演出場所的橫切面不同，前者太寬，聲音易散不聚，而後者適中，再者，牆上的材質不同，對聲音的折射也不同，國家音樂廳完全木質，寬窄適中，所以有〇．四的殘響，對聲音來說是恰到好處，而國父紀念館四周的材質不完全是木質，因太寬，聲音聚不起來，更無法做到反射效果。因此會影響演唱的品質，但國父紀念館如演出音樂劇，因使用音響器材的緣故，是最適當的演出場地。許多歌星也喜歡在這裡開演唱會。

有人問我，對演唱家來說，個人魅力是否重要？當然是重要的，舞台表演者最重要的是要具備下列三種說服力：一、歌聲的說服力，有絕佳嗓音和寬廣的音域。二、詮釋的說服力，對音樂性、音樂情感的表達在歌聲中的感動力。三、造型的說服力，尤其在歌劇這項表演藝術裡，扮演什麼角色就要像什麼角色。三樣都有，才能夠說是有魅力。

DVD盛行後，劇院的世界有沒有變化呢？我要說，有帶動TV前面的觀眾，走到劇院的影響力，大銀幕雖然一如舞台搬到眼前，但它與觀賞者仍然無共鳴及臨場感。臨場感的貼近與真實感，是DVD無法比擬的。

說到我最欣賞的聲樂家，是希臘的瑪麗亞・卡拉絲（Maria Callas），她在舞台上表達歌劇角色時，淋漓盡致，有血有淚，我在國內尚沒發現像她那樣「不是為演戲而演戲的歌唱家」，當然，這樣說有失公平，因為台灣並沒有給音樂家提供職業音樂家的環境。其他藝術也一樣。所以訓練歌手，也只能達到走位順暢，該有的動作全有了而已。「磨戲」除了靠導演外，也要靠自己的體會與琢磨，才會有情感出來。再加上好的歌唱，那才是歌劇。

我嚮往職業音樂家的生活，就是除了吃飯、睡覺起居外，所有的接洽演出、訓練、行政都由專人負責的生活，音樂家只要在音樂上做準備就好，可是國內只有演藝人員有此制度，古典音樂界沒有這種制度，我們既要演出，又要負責行政和教書，這是亞洲普遍的現象。

寫到這裡，你會猜到，我一點都不認為自己是成功者，說一段往事吧，大學畢業後的某天，我遭遇車禍，陷入昏迷，第四天才恢復意識，左耳耳膜破裂、失去嗅覺，聽不到自己的聲音，之後，我像痊癒了，卻相信沒法做聲樂家，順利走入電視圈，主持社教節目，得到掌聲，人卻在那個大染缸裡變得虛榮，相交多年的男友離我而去，我在大痛苦中反省自己，決定結束多采多姿的演藝生涯，和男友重修舊好結婚了。

結婚後，我用心扮演家庭主婦的角色，買菜、清掃、料理家務，可是力不從心，十分挫折，當我覺得和整個世界脫節，想做的做不好，做得好的又沒機會，自憐自哀中，婚姻出現了危機，我不想離婚，只好求助婚姻專家，了解哭泣爭吵對夫妻感情毫無幫助，只有兩人同步成長婚姻才能長久，我開始充實自己，希望得到丈夫的認同，丈夫也終於了解，鼓勵我出國深造。

我會成為聲樂家，一是丈夫還是我男友時，離開我，讓我主動中斷演藝之路；二是為化解婚姻危機，丈夫鼓勵我深造。當年，我揮別年僅一歲的女兒和丈夫，前去深造，心情可想而知。那年年底，中美斷交，我從小在父親教導下忠貞愛國，急著回來和國家共存亡，丈夫勸我，學有所成也是為國爭光的方式。

那年，我收集很多國旗，佈置在音樂會會場，向義大利聽眾介紹台灣。三年後回國，應教育部邀請，帶我們的音樂家到希臘參加國際音樂節，後來又應僑委會邀請，連續四年帶團赴美宣慰僑胞。基於音樂家不該只在音樂廳，而該走在民眾當中的信念，我後來走遍台灣二十多個鄉鎮去推廣聲樂，各縣市文化中心成立後，也去文化中心表演。曲高不一定和寡吧。當然，我也去日本東京舉辦個人演唱會，德國巴哈藝術節中，參與捷克《蝴蝶夫人》演出，在台灣國家歌劇院演出《丑角》、《雷雨之夜》，又受邀與大陸名指揮家嚴莨昆於香港文化中心演出《黃河》與《詩經五首》兩部清唱劇，還有芝加哥演出黃自的清唱劇《長恨歌》，也在紐西蘭、韓國、中國等地演出過。我曾連續四年被音樂雜誌票選為「最受歡迎的音樂家」，國內外的樂迷稱我為「蝴蝶夫人」，也是捷克布拉格唯一的東方演出者。近年來，我更參加廣播製作，並以「台灣歌仔戲與西洋歌劇的異同」為題，得到金鐘獎，這個題目，成為各大專院校戲劇科的教材。我指導盲生，接觸了創價學會，九二一震災後，參與學會主辦的「新生之夜」撫慰災民。為新竹縣尖石鄉民募一百六十二萬款，為台北家扶中心兒童招募二十萬營養午餐，為忠義育幼院教養費三十六萬，為慈海家園慈善義賣一百八十萬，這個社會那麼多的悲苦，好像做一個專職音樂家，教授，仍然拒絕不了為悲苦的人伸手，日子就這樣過下去，成不成功已不重要了。

尤其，家人罹患重病或辭世……什麼才是成功呢？

梁丹丰

我已走過

畫家／**梁丹丰**

而我，總是投入十分才得一分，
付出百分，才得兩分的命！　——梁丹丰

一

是的，我已走過！
並不是驀然回首的當下才看見的！

攀過玉山主峰的行者都知道，
要想爬出碎石坡，必須疊上自己前一步，
每次想站穩，都要下滑好幾次，
履跡顛躓如我，只好滑落谷底再起步。
立足一尺的高度，我得爬滑三次才完成，
踩上第三尺，至少重複七次再起的紀錄。
若要登上十尺的高地呢？……
又該付出多少倍的勞力，
擦去多少汗與淚才賺到？

二

人一能之己十之……
這道理我懂！
人十能之己百之……
果然勤能補拙。
人百能之己千之……

我仍高興雖慢仍跟上。
可是，我奇怪：
又有多少人千之、萬之以赴呢？
愚笨如我，難道必得千之萬之再加倍？
我，有些不服氣！

三

俗諺常常說：
一分耕耘，一分收穫……
為什麼有人只付半分得一分？
有人付出一分回收十分？
還有人福緣俱臻不勞而獲！
而我，總是投入十分才得一分，
付出百分，才得兩分的命！
有時付出千分才看見三分之影而已……
或者乾脆——只給我一片空白！

最難消受莫過反而變成無辜的「倒欠」……。
唉！為什麼呢？
我實在不懂！

四

我真的不懂：
總是聽說條條大路通羅馬，
有人立即被推上直通的便道，
有人拐彎抹角，碰碰撞撞也找到，
有人偏偏喜歡自找麻煩，明明已經走到不肯作為又回闖，
沒有定性，沒有信心，
一再重蹈覆轍的錯誤，就愈離愈遠了！
而我、沒有良駒，沒有地圖，
徒然知道方向，
有意志也有實力……再拼命努力仍被壓在深深的谷底！
我不能不認命！

五

退吧！死路一條！
停嗎？甘心滯留絕境中？
不必期望任何助緣或一臂之力！
不如鎮定目標，只管向前衝！
反正逃不出一再跌倒的宿命，
我沒法冷靜找出嶄新的著力點，
一而再而三……又重新來過！
這樣的堅定堅持未必有效！
也許，至少，會看見些少光源？……
為生死一線的無明，覓得新機！

六

三十年前陷身谷底的谷底，猶作困獸鬥的我，曾為自己寫下這兩句：

「生命中，我總輸給所有人！
長途上，我但願贏了自己！」
這就是了！
與別人比，我每戰必敗！
比自己的以前、當初……
我應總能一步步贏過自己吧？
自知之謂明，自勝之謂強！
絕不容許自我原諒腐蝕自己！
絕不放縱根性的怠惰發芽、生根，
下定決心放下所有的罣礙，
不論任何時地都不漏失習作的機會，
從那時起……我一紙一筆永不離手，也真未離手迄今，

七

時間過得飛快，忽忽間，我已七十四歲！
一天，不知找什麼，才發現兩個貯藏室已塞得滿滿的，一疊疊、一

捲捲，綁著的摺好的……不知到底是什麼？我好生奇怪！

隨手拉出幾張看，都已褪色、發黃、脆碎、缺角，那種似曾見過的熟識感一一浮起，我才猛然醒悟。它們都是自己當年的習作：它們慎重莊嚴地遍記我全力以赴的留痕，烙出其時所有瘢痂、創傷、成長及重生！

有六十年前初執畫筆的戰戰兢兢，

有五十年前不知所之的徬徨無助；

有四十年前困難重重的躊躇掙扎，

至於三十年前深思熟慮的毅然決然……。

都靦腆地留下圖像，活生生地細訴形象之外的心靈時空，把我曳回一次次的當日當時……

八

我從來拒絕回顧！拒絕無用的緬念與傷懷，此日既被曳入時間隧道並不甘願！轉念不如把檔案姑且倒帶、快轉、點閱、擇要過目，這才發現它們數量驚人，大大小小，早已逾萬、密密堆積、分句分段，都在敘述拉回業已消逝的時光故事……

有刻骨銘心的，永難忘懷的。
有早已遺忘的，又無意揪出的，
有些淡化的顏色，竟剔出絢璨與鮮明！
也有前塵漠濛，忽然跳到眼前的！
我心愛的老屋重新現形，組合，
付出太多心血栽植的爬牆虎、九重葛，也密密鋪敘重生院中、陽台上、木籬下，遮住畫室、書齋的窗前，繼又覆滿窄廊、屋頂……。
一些已作阿公阿婆的老學生，在畫景中退回叛逆的年少……，而今半百的女兒呢？一吋吋縮小，回到薄薄的單光紙上，報紙邊緣，縮成一百張新生兒的頭像，回到初為人母的我懷中……。

九

戴上老花眼鏡，顫抖著雙手，把它們一一掀開！
走過的生命只是五味雜陳的瓶瓶罐罐，酸、甜、苦、辣，全都打翻了！它們如此忠誠地成為畫頁背後的豐美內容，把我六十年翻滾搖擺的生命再度推上人生的劇院，到前台聚焦，回幕後零落，時或匆匆過場，也有木偶般的身段，在陪襯的角色中藉機修行……所有場景清晰如昨，連最細緻的情緒起伏都不放過……

時空不得不錯亂了，彷彿才不過昨天！前天！怎麼忽已數十年後？……

我，被自己的「故事」嚇住了！

十

翻看，檢視看，

六十年前的筆觸稚嫩，但真誠專注。

五十年前的畫紙上，留著很多密封的問號！

四十年前，在生死抉擇中痛苦扭曲，

三十年前呢？走投無路的我決心拒絕不該承受的壓力，用力敲開莫須有的枷鎖，展翅一飛冲天竟不悔！

於是，有吞不完生澀的孤征之淚，有流不盡歸飛不得的鄉愁，把這一切盡可能裝入筆管又畫又寫，成就最難與共的「負面恩惠」，攜回台北展出付梓，竟闖出另一番新氣象！

十一

我永遠記得，父親生前一再的訓誡，他那時意味深長，面帶神秘的微笑，眼神炯炯放光！

「找最笨的用功方法，就是最容易的成功方法。」

他丟給我一枝鉛筆、一張白報紙，摘一片菜葉放在桌上便走，我嚇了一跳追上他問：「那──我應該怎樣畫？」

他頭也不回，只留下一句話，那是他唯一一次「教」我畫：

「認真看看呀！自己想辦法畫出來呀！」

聽入耳中凜凜奉行，雖然從未找到別有洞天的捷徑，長期沈潛「只問耕耘」中，也默默累積到今天。

到了這時，所有輸贏，已完全失去意義了！

十二

是的，我確已認真走過！

走得光明磊落，走得心安理得，走得無怨無愧，走得澹然怡然，守住潰堤的臨界點，走過曖昧容忍的試煉，既不為誰也不為什麼，我只要行者必至地不停筆，得失好壞全不在心！

我不是強者，也不是聖人，人類與生俱來的根性我體內都有，是善根劣根？是原慧、原惡都不必忌諱，成敗得失——其實都在一念間：

我慶幸，也悚然而驚！

十三

走過夏季高溫八十八攝氏度的死亡谷！

在最熱之天，企圖拖過令人窒息的撒哈拉大漠中心，

到於今荒涼的「歷史過道」土耳其戈壁尋古希太之寶，

在地球頂端北極區的冷岸群島，我縱身入海！

獨立冬之北挪威冰原，我克服負四十度的嚴寒就地寫生，用滴水成冰的效果，當場完成此生最愛的水彩畫，

同年炎夏，為尋求極冷極熱的對比，我進入高溫攝氏五十八度的約旦沙漠，突破畫筆沾水隨即蒸發的考驗，反而只用僅有的半杯水，珍惜地畫了二十幅水彩作品……

現在回想，連我自己也驚訝，
真實的情況是，即便在先前我也不信自己能做到！

十四

到格陵蘭，巴羅角。我畫不出與我們酷肖的愛斯基摩人！

行車其時路況惡劣的阿拉斯加，曾經五天不見人影。反而遇到一對恩愛的黑熊夫婦，橫過馬路與我對峙！

走過南美十二國，走過西伯利亞鐵路、中國大地、東歐十一國之旅，邊走邊畫，辛苦的收穫無法計數！

走過北美二十多個國家公園，學到人與人間、人與自然間，及與自己的和諧對話，穿越大峽谷是其中之最，有看得清清楚楚的一步一險，有打擊人類自大心理的挑戰，走過萬古洪荒谷底的谷底，爬過北緣登天般巔峰中又有巔峰，九迴腸般曲折的出谷路，也曾在力潰瞬間有自我放棄之心，最後還被一條毒蛇逼出以為業已耗盡的潛能急跑……我都感謝兒時走過兵燹的磨練！

十五

以現今七十四之齡，走過六十年繪畫專業的歷練，累積數萬永不消失的畫。國內外個展三百餘，出版圖文五十四冊，用三十年寒暑假孤征八十餘國……如果說：我從未做過遊客，沒有人會相信的。

看見我而今滿頭華髮，常常有人問我成功的訣要，左思右想找不出頭緒的我，仍舊衹能惘然反問：

「問我『成功』？我不知道怎樣才算是『成功』？……」

而我只不過不許自己停筆！

六十年來，果真從未停筆而已！

是A型血液，是雙魚座，排行是老二性格，我——又能怎樣？

陳信元

多活歲月・無悔人生

佛光大學教授／陳信元

電擊救活的這條命，沒有隨意揮霍的本錢！——陳信元

那幾天，因體內的毒素攀升，全身浮腫連走路都氣喘吁吁，無法再拖延，倉促地收拾幾件換洗的衣物，趕赴台大醫院急診處。醫師研判，必須立即施行緊急血液透析，降低毒素。在右大腿裝置臨時的雙槍管，先做局部麻醉。第一次裝置手術並未成功，麻醉效力已漸褪去，第二次裝置令我疼痛難忍，但還是熬過了。台大醫院急診部一向人滿為患，當晚十一點

多我躺在走道的病床上，隔鄰老婦人難忍病痛的呻吟聲，讓我無法閉目養神，加上一天疲累折騰，突然眼前一黑，直挺挺摔向病床。

心慌的內人，急奔找來值班醫生，我已沒有呼吸跡象。護理站的急救團先施行CPR（心肺復甦術），無效，趕緊又施以電擊。陸續加入的醫生將我團團圍住，在我身上插滿醫療管線，內人從隔間的簾幕縫隙中，目睹醫生、護士在生死一瞬間急救的過程。我卻沒有絲毫殘存的記憶，但我意識到手腳被綑綁，不斷地掙扎，好像是一場心有餘悸的夢。那不是夢境，是當下醫生在我身上裝了許多急救管線，我生性不喜歡被束縛，重新恢復呼吸後，無意識地亂拔除身上這些管子，衣服都濕透了，醫生只好施打鎮定劑，再度綑綁我不乖的手腳，希望借助睡眠穩住我不安的靈魂。

似夢似醒般從一條悠遠闃寂的甬道飄回，耳際縈繞微細的呼喚。我奮力撐開眼皮，一片幽白刺目的燈光，伴隨著儀器枯燥、單調的運作。我無法動彈，雙手雙腳都被牢牢束縛；我無法出聲，也無法自主呼吸。空氣中瀰漫著緊張、不安，我蒐尋到一張熟悉的面孔。「你醒了！」那是由絕望的聲聲呼喚，驟然遇上曙光的驚喜。我不記得發生什麼事，身處何處？更不知我剛撿回一命。

五十多天住院期間，我三度被推進加護病房。這是醫院無論晝夜都亮燈的一個空間，從早上到深夜，輪班的醫生、護士穿梭不停，各種醫療儀器推進推出。病人用度日如年，實在不足以形容當時的心境。昏睡後清醒的我常斜躺在病床，凝視對面牆上時鐘的秒針，一格一格地移動，聽著儀器運作的聲音。加護病房病人，吃喝拉撒睡、洗澡、理髮都在床上完成。每天都要護士幫忙翻身、拍背、抽痰……。白天、黑夜的界線不再存在，我只期待一天三次的會客時間。

當時，我任教的佛光文學系招收第一屆大學部新生，我開了「中國文學史」課程，第一學期都沒上完就住院了。學生得知我住進加護病房的消息，串連大家摺紙鶴，為我祈福。當數百隻紙鶴和一張滿滿祝福的大卡片，送進病房我難掩激動，真不知他們以何種不捨的心情摺紙鶴？博、碩士班的同學更是心急如焚，他們排了輪值表輪流守護。龔校長來過幾次，他總是緊握我的手，以一貫自信的微笑鼓舞我；我心繫碩士班的學期成績，請求校長幫我帶來同學的期末報告，我可在病榻上批閱，他卻要我專心養病，學校的事他會妥當安排。

當年，我受邀在師大圖文傳播所兼課，趙寧系主任兼所長（後來擔任佛光大學校長），也攜帶系所師生的關懷與祝福前來探視，囑咐我不要為了學生期末成績操心，他已做了周全的安排，臨走時還致贈了一筆慰問金（事後回想可能是他自掏腰包）。今年九月下旬，趙寧博士辭世，在佛光山台北道場舉行公祭，同一時間，我卻碰巧在圓山飯店主持「華文出版聯誼會議」，因無法親自前往送別，內心不斷誦念阿彌陀佛。我與趙寧博士「結識」的往事歷歷在目：第一次上他在台視主持的讀書節目；第二次上他與張曼娟共同主持的另一個讀書節目；在師大圖文傳播所兼課，趙所長邀我做專題演講；在佛光大學校長室，我們促膝長談，從校務、寫作聊到我身體等。如此一位處處關懷別人、幽默健談、有晨間慢跑習慣的文人，卻早走一步，令人不勝唏噓。

從我二〇〇〇年初第一次住院，北醫的醫生已警告我的心、腎均出問題，難逃洗腎的命運。但我偏偏不愛惜自己，在二月間赴大陸參加「黃春明學術研討會」；在七月，更帶團赴大陸參加「兩岸網路與出版研討會」；八月辭南華大學教職轉赴剛創校的佛光大學任教，又接下台北市文化局委辦的「思想月」活動，負責舉辦「林語堂文化與藝術研討會」及文化一日遊。一整年幾乎處在高亢、勞累的狀態，並逐漸在生活中顯現力不從心，例如：走一段路常會喘不過氣，需服用舌下含片；搭火車從松山到礁溪，卻無法背負沉重的書包從第二月台走地下道到上階梯到第一月台，最後只好走走停停。

我常自嘲，未生病前，我的健保卡（紙卡）背面一向是空白，未曾加蓋就診紀錄。後來，就從A卡一直用到I卡，上醫院成了家常便飯。醫院裡的各種醫療設施，包括核磁共振等，我都一一體驗。住進台大加護病房後，病情稍微穩定，心臟內科醫師決定先做心導管檢查，再決定是否裝置支架。我在住院前購買的心臟血管疾病書籍派上用場，我已大致掌握檢查進行的步驟、預期的疼痛程度，但很難壓下心中的忐忑不安。內人要我一遍遍重複聆聽佛光山心定法師親錄的「大悲咒」CD，緊繃的心情才逐漸紓緩。推進導管室，悠揚的古典音樂使我如置身藝術殿堂，醫師們像演奏家專注於各自的分工，除了局部麻醉時略有疼痛感覺，從左鼠蹊部血管中放入導管深入心臟血管攝影檢查時，好像什麼事也沒發生。檢查的結果，並不樂觀，主治醫師面色凝重地宣布：我的血管大部分堵塞，必須儘快進行冠狀動脈繞道手術。下一階段的手術交由心臟外科的許榮彬醫師操刀。許醫師看過我的心導管檢查報告，提出第一個建議是—換心，否則會有心臟衰竭的危機。後來，在各科醫師交換意見評估後，決定做「繞道手術」。

「繞道」是個大手術，即使我已從專業書籍了解「開心」手術的步驟，但卻開心不起來。醫師已告知手術的危險性，內人別無選擇簽下手術同意書。我抱定「死而後生」的悲壯決心，一早被推向手術間。當我從麻醉藥效消退，逐漸恢復知覺時，許醫師拉開嗓門呼叫我的名字，那時已是傍晚時分。推入加護病房，血水卻一桶一桶應接不暇，血袋也一袋一袋輸入我的體內。內人堅強地看著我又闖過一個難關，告訴我手術期間張曼娟老師來過，也在手術室外為我禱告。由於報紙披露我住院的消息，文壇的朋友，久未聯絡的親友，不相識的同鄉（任職台大哲學系）、宗教界人士、陸委會的長官都來探視，也成為我每天「引頸盼望」的時刻。

術後復原工作是對病人毅力的大考驗，胸部縫合的傷口劇痛難忍，內人縫製了一個小抱枕，我每天數次抱著它，從C棟散步到其他各棟，直到克服疼痛。緊接著進行腹膜透析裝管手術，由腎臟移植科蔡醫師操刀，雖說是小手術，但由於在腹部開刀，疼痛感甚於胸部傷口，讓我「捧腹」哭笑不得。這時，快接近農曆年了，我開始盤算出院的日子。

除夕前，整個醫院能准假回家過年的人都提早返鄉，剩下的都是有家歸不得。傍晚，我被推到血液透析室進行一週三次的例行「洗腎」。一想到這個晚上全家應該歡樂聚在一起吃年夜飯，而此刻兩個半大不小的孩子在家，大概又以便當或泡麵裹腹，內人則是伴著我淒涼地共度小年夜。我悲從中來暗自鼻酸。農曆年過了，元宵節過了，隔兩天是我五十歲生日，仍在「牛衣對泣」中過了。能活著就不錯了，我和內人彼此安慰。

出院那一刻起，我暗自將二〇〇三年名為「多活元年」，紀念劫後餘生，但對日後的工作，我猶豫不決，有些朋友勸我以身體為重，辭掉教職，我頗以為是，有些心動，但考慮到兩個尚待培育的孩子，我採取了折衷的做法：先留職停薪一個學期調養身心。在此期間，故鄉的母親也重病住院，我回去探視，她反而關心我的病況。我勉力擠出一絲她熟悉的笑容，要她安心養病，不要擔心我。再度探視母親，她已被送入加護病房，無法說話，直視著我，嘴巴發出聲音，彷彿有千言萬語要囑咐我。母親從小疼我，我長大後，她常與我分享她的往事，為家庭的付出，以及一路走來的辛酸。由於父親遭朋友倒債，殃及事業失敗，又因病抑鬱去世，我就很少見到母親的歡顏。我少小離家，與母親聚少離多，唯有在每一份工作力求表現，讓她與有榮焉。母親辭世的噩耗傳來，我痛哭失聲，在回鄉的路程上，《文訊》同仁打我手機，恭賀我榮獲第五屆「五四獎」文學活動獎，一時之間百感交集，腦中所想的，只有「媽！僅以這個獎告慰您在天之靈。」

二〇〇三年九月，我回到熟悉的校園，內人不放心，隨行照料我的生活起居。從我住院起，她幾乎寸步不離，還要分心照顧孩子。她成為全天候的居家看護，有時還得承受我無來由的脾氣或自怨自嘆的低迷情緒。但我體內流著不服輸的血液，私下我立了「珍惜活著的每一分，每一秒」的誓言，雖然，我每天比別人多花三、四個小時在腹膜透析及腹部植管傷口的清潔消毒工作，每個月都要例行回診、抽血檢驗，但我已知足，不准為自己找藉口，也不想博取別人同情的眼光。

當我從柏楊先生手中接下「五四獎」獎牌，心裡滿是感恩和激動。柏楊先生引領我進入大陸文學研究領域，他主編的「中國當代小說大系」十冊，囑咐我為每冊寫一篇序言，這份殊榮，我終生感念。主辦單位的得獎理由如下：「八〇年代初期，陳信元投身大陸文學與出版研究，不僅持續發表相關探討文章，並主編出版許多精彩的大陸文學選集。他多年來用心鑽研，對大陸文學史的流變與發展深刻理解，並切實掌握大陸文壇、學界動態。親身主持參與多項調查研究專案，並策畫許多動態參訪活動，對兩岸文學、文化交流之貢獻，有目共睹，且績效卓著。其對文學高度熱情及寬廣人脈，更使兩岸文學交流，增添良性之互動。」

一九九四年春，奉命籌辦南華管理學院（後改名南華大學）的創校校長龔鵬程與李正治教授，邀請我赴南華文學所任教，並協助籌辦出版學研究所。我二話不說，立即辭去幼獅文化公司總編輯一職，才發現學校在隔一年開辦。經香港友人安排，我申請赴香港大學「遊學」，主修中國現代文學史。逗留香港短暫的一年時間，我逛遍港九的大小書店，沉浸在馮平山圖書館的現代文學寶庫中，並赴威海參加「環境文學研討會」，提交並宣讀論文，並為新聞局撰寫大陸及港澳出版業概況，並為台灣一家西文出版社評估出版《漢語大辭典》的得失，這些活動與撰文延續了我一向對兩岸文學、出版交流的關注。

一九九五年秋，我在龔校長「急召」下，正式成為南華的一份子，並以出版資歷、專業著作、研討會論文等，經過兩次送外審，獲教育部核備為副教授級專業技術人員。隔年，獲國科會甲種學術獎勵。出版學研究所創所第二年，我獲聘為所長兼編譯中心主任。一九九七年起，我開始承辦大陸委員會、文建會委辦的各項活動，如「台灣暢銷作家赴大陸訪問座談」（一九九七）、「兩岸作家展望二十一世紀文學研討會」（一九九八）、「台灣作家赴大陸演講座談會」（一九九九）、「兩岸網路與出版研討會」（二〇〇〇）等。但在一九九九年，我獲龔校長續聘為出版所所長，並接下聘書，不過，在新校長上任後，我被叫到校長室，新校長淡淡的一句話：「你沒有博士學位，不能當出版所所長。」我才警覺：近二十年的出版工作經驗，還是抵不上一紙博士證書。在隔年，我辦理在北京、上海、深圳舉行的三場成功的「兩岸網路與出版研討會」後，大陸《中國圖書商報》以全版報導研討會的實錄，促成了兩岸網路書店的合作。但我黯然遞出辭呈，轉赴剛創立的佛光大學文學所任教。

在教學繁忙的工作中，猶能接下政府各機關委辦的活動，我一心一意為學校、系所打開知名度，幾度貼錢辦活動，也在所不惜。我率領劉墉、張曼娟等「台灣暢銷作家訪問團」赴大陸參訪，隨行陣容就包括兩大報記者，每日傳稿回台北，在兩岸皆造成轟動。一九九八年，邀請大陸知名作家莫言、蘇童、余華、張煒、王安憶、陳丹燕、池莉、舒婷、從維熙等來訪，堪稱兩岸文學交流史上最受矚目的一次盛會。大陸「新時期」主力作家集體「亮相」，擠爆國家圖書館國際會議廳，天天登上媒體版面。

佛光大學自二〇〇〇年創校以來，在創校校長的支持、鼓勵下，經常接受政府機關委辦的兩岸學術、文化交流活動。由我負責的就有兩屆「兩岸報導文學研討會」（二〇〇一、二〇〇二）、兩屆「兩岸現代文學發展與思潮學術研討會」（二〇〇四、二〇〇五）、「兩岸青年研究生文學營」（二〇〇八）；以及學術委託研究案等。二〇〇四年，我將在《聯合報》、《中央日報》副刊的專欄及書評，集結出版《出版與文學—見證二十年海峽兩岸文化交流》（揚智）一書。今年（二〇〇八）九月二十日，在圓山飯店敦睦廳盛大舉行「紀念海峽兩岸出版交流廿周年座談會」，兩岸出版管理最高主管史亞平局長，柳斌杰署長均應邀致詞，由我擔任主持人，負責總結報告。九月十九日，「中共新聞出版總署」主管的《中國新聞出版報》，以內頁二整版刊登我的專文〈大陸文學渡海　縫合兩岸斷層—從「阿城旋風」到「百家爭鳴」〉，當日，報紙已送抵台灣，並於翌日在世貿三館舉行的「第四屆海峽兩岸圖書交易會」展場發送。

我像個閒不下來的「過動」老人，以前，從不覺得我會與「老」沾上邊，但在年前一次就診中，年輕的護士喊我「阿伯」，莫非樹有「年輪」，人的容顏也有「年輪」？在迎新會上，年輕、新進的男老師，受到女學生的歡呼，對年過半百的老師只有禮貌性的「寒暄」。我還是不厭其煩地以自己的經歷勗勉同學珍惜眼前所擁有的一切，莫待失去後空留遺恨。我不諱言自己是持有殘障手冊的「重殘」，沒有顯赫的學歷，但我有追求知識的熱情與執著，我不間斷充實自己，從不鬆懈，從不放棄。我是個平凡的人，每天重複的透析動作也會讓我心煩氣躁，甚至喊出「透乎死，透乎死」以發洩。但我從透析中也領悟將浮躁的心情沉澱，電擊救活的這條命，沒有隨意揮霍的本錢。多活的歲月，我誓願續譜寫無悔人生。

陳維昭

巨大的背後

前台灣大學校長／陳維昭

一個人真的不必太計較剛開始的位置是什麼，你如果真正好好去做的話，自然會受到人家的肯定，一步步的走來，確實是比較踏實。——陳維昭

一九三九年出生於台中縣神岡鄉下小學老師之家的陳維昭，畢業自台大醫學院，並擁有日本國立東北大學醫學博士學位，專長是小兒外科、營養與代謝等。早在一九七九年四十歲時，他就和台大團隊以精湛醫術成功分割忠仁、忠義連體嬰，成為台灣最知名的醫師

之一，並在那一年獲選十大傑出青年；一九九三年，他更成為台大第一位遴選校長，主掌全國最高學府的校務長達十二年。

退休之後，經常爬山，經常演講，但也經常回想起過去在台大服務的時光。他說：很幸運如我，選擇了自己喜歡的工作，也樂在其中，在每個不同階段，也有許多人肯定我，幫助我，這些都成就了我的醫學生涯。

溝通跟專業

我在鄉下成長，靠著自己的力量唸書，到後來完成自己的夢想，唸到了台大醫學院，我成為一個外科醫生，也成為台大第一位遴選校長，也是外人眼中所謂的「社會菁英」。我一直認為，一位成功的醫生，除了醫術必須與時俱進之外，他的處事態度，團隊精神都非常重要，更重要的是，要在溝通當中找到對雙方都最好的平衡之道。

一九三九年，我出生台中縣神岡鄉，父親是小學老師，我的家族裡只有兩種職業，一個是當老師，另一個就是當醫生。就我記憶所及，小時候的印象就是躲防空警報。每次空襲警報響起，我們就躲進防空壕。

有一次空襲時，父親帶著我們準備逃到防空壕，一顆子彈就在父親頭上不到五十公分的地方飛了過去，在牆壁上留下一個很大的彈孔，這是不是跟死神擦肩而過，不得而知，但那樣一個戰爭的印象，讓我記憶猶新。

調皮搗蛋　也會念書

台灣光復之後，我進入神岡國民小學唸書，因為小時候很調皮，甚至可以說是個問題學生，老師要來家裡做家庭訪問，我總是會先接收到同學打來的暗號，然後就跑掉；老師不會挑負面的說，他就說這個小孩子蠻聰明的，就是不用功；不過其實我的功課都還不錯，記得小學考過最差的成績是第五名，玩歸玩，在家裡還是會唸書。

五年級的時候，我就開始有定性在讀書，因為覺得要考中學，不能再這樣玩耍，後來的成績就一直維持在第一名。在鄉下，可以升學的機會不多，家裡也是這樣循循善誘，很早我就了解要好好讀書，才有機會受好的教育。

因為父親是老師的關係，我覺得我沒有甚麼唸書的訣竅，就是「快讀」。比如說第一遍唸書時，就先快翻一遍，腦袋大概知道這一課在講甚麼，有一個大概的印象。之後我又繼續第二遍，第三遍，這樣很快就記起來了，比較不懂的地方，也就知道問題在哪裡，趕快請教老師，功課也就可以扎實地學好。

現在想起來，如果沒有進台中一中，我可能也不能進入台大唸書，到台中唸書那段時間，我覺得我很自卑，覺得城裡的同學好像跟我們鄉下都不一樣，而且我每天早上要花一個小時的時間坐車到學校，下課又要趕快坐車回家，跟其他同學接觸的機會並不多，適應之後，我的成績就開始好轉了。在高中階段，我一直都保持著第一名，應該是可以直接保送大學任何學系，但是也有了一些些轉折。

當時我在台中一中以第一名畢業，當時台中一中的第一、二名都是可以保送到台大醫學院，第三名則可以保送到台大化工系，可是在保送的時候，我卻到了化工系，這一度讓家人認為是因為我們來自鄉下，沒有背景；學校的解釋則是表示，保送是以前五個學期的成績來計算，其中包含了美術、體育等等的成績，各科成績的比重也跟畢業成績計算方法不一樣，所以平均下來我並不是第一名。後來我放棄保送，參加了大學聯考。

還記得那一年是一九五八年，我選填台大醫學系、台大物理系跟政大外交系三種不同的志願，因為那一年是不分組考試，所以我們可以填好多的志願，想唸醫學系，主要是因為家人；唸物理系則是因為當時的楊振寧、李政道旋風，讓我覺得唸物理可能蠻吃香的，我還填了外交系，因為那時候的國際形勢對我們很不利，唸外交可以對國家很有貢獻，所以也就想唸外交系。

家人意見是未來道路上的明燈

現在想起來，我的決定可以說是受到家人影響，但是現代的父母卻常常強調要順從孩子的志願，我自己的經驗看來，小孩就是一張白紙，上面要填上甚麼色彩選擇性很多，大多數人在選擇未來道路的時候，受到家庭及長輩的影響並沒有不對，只要家長是在一種沒有壓迫的狀況下給予指引，其實很重要。

我認為在中學階段，很多人不可能完全確定自己的興趣，孩子的興趣也是會改變的，最好是能夠在父母的引導下，自己再去摸索自己的興趣，或許有些人能夠很清楚知道自己的興趣，但是一些不太確定的學子，也要讓他們可以先選校，必要時有轉系的機會，各種可能性都應該保留。

我自己是興趣廣泛，從我大學選填的志願就可以看出來，唸醫學系是一門專業，不但課程繁忙，有時候有一些課程也比較枯燥，有些醫學院學生也許會唸得很痛苦，我自己則是會去唸一些其他科系開的課，讓自己的吸收可以很均衡，唸的多半都是比較實用的書籍，經濟、國際、法律以及新聞學的書。為了驗收「成果」，我還自己去考外交官領事官檢定考試，結果及格了，這等於是相當於外交系畢業的資格一樣。後來我又去考新聞行政高考，因為外交官領事官檢定考試及格就有資格報考新聞行政高考。那一年高考錄取了五個人，其中一個是我。

語文方面也是這樣，在醫學系德文是必修課程，日文則非必修課。但當時師長輩受的都是日本教育，平時講話就會用日語，而且台灣跟日本接觸很頻繁，如果不懂日文的話就看不懂很多的日本醫學雜誌，我就去補日文，之後反而促成我到日本留學的機緣。

日本留學三年　親力親為

就整個過程來看，在日本的三年半對我的影響最大，在美國作研究，各方面設備、制度都很好，很快就會有成績。但是在日本，我們都必須要投入更多的心力，自己親力親為，發現很多細微的差異，累積更多自己的經驗。

我唸的是日本東北大學攻讀博士學位，指導教授是葛川森夫（Kasai Morio），他是日本有名的小兒外科教授，專長是膽道閉鎖。我到東北大學之後，跟葛西教授討論研究題目，他說膽道閉鎖在日本現在是很熱門的題目，日本許多大學都在研究，他建議我一個新的方向，就是所謂的「靜脈營養」。

靜脈營養是美國在一九六八年左右開發出來的，「靜脈營養」就是對那些不能透過腸管攝取營養的病人透過導管放置到上腔靜脈，注入高濃度輸液供給所需的各種營養，病人即使不經口攝食，也有足夠的營養支撐生命。開始進行研究時，日本才開始有比較進步的微量血液測驗器，只需要〇．〇二西西的血就可以測量，師長要我先熟悉操作這個測定的步驟，我當時認為這是技術人員的工作，不是我這個作研究的人該做的，雖然心裏百般不情願，但我還是接受，只要有病人做靜脈營養，我就必須幫他們採血化驗。

就在化驗的過程中，漸漸發現其中有很多問題值得研究。我發現部份接受靜脈營養的病人血液中尿素氮竟然低到三、四mg/dl（正常值是十五到二十五mg/dl），我就把許多病人的這些數值綜合整理出來，結果發現給予病人一定的蛋白質或胺基酸，若同時給他的熱量高，病人血中的尿素氮就低一點；如果給他的熱量少，血中尿素氮就會比較高，這項臨床現象與代謝是有關係的。

要如何去驗證，就要靠動物實驗。

當時東北大學對使用狗的靜脈營養研究並沒有一個很好的動物實驗模式，做起來就相當的辛苦，比如說要幫一隻狗打點滴，狗是會亂跑亂動的，如何把它固定住，是一個很麻煩的事。就在一次又一次的失敗之中，我想出了一個辦法，我設計了一件狗背心，請太太到台灣請皮鞋匠依照設計製作，這種背心後來同事們稱之為「陳氏夾克」。把點滴導管固定在背心上，這樣不管牠怎麼動，導管都比較不會掉了，也讓我完成了實驗所需要的數據。

我常常在想，雖然要自己動手，但我也得到極為寶貴的經驗。如果是到美國做研究的話，你參與進去，就好像工廠的生產線一樣，只是套進去某一階段跟著一起做，也許很快就可以有結果，雖然辛苦，但是值得。

為了到日本東北大學留學，我辭掉在台大的兼職，不過就快要回台灣，也有一些醫院跟我接觸，直接給我副教授以上的職位聘任，但也想留在日本的，就在猶豫的時候，當時台大醫學院李鎮源院長請秘書陳春雄先生寫了一封信給我，表示外科有缺，如果要回台大醫學院就儘快跟他聯絡，但是回到台大，必須從講師做起；換言之，要當上副教授的話至少還要等三年以上。

腳踏實地　一步步前進

後來我去請示葛西教授，他跟我說：「一個人很快就爬到高點並不是一件好事。腳踏實地得到了大家的肯定，再去爬第二步，這樣比較真實。」聽了這些話後，我就決定回台大。葛西教授的話讓我永記心頭，一個人真的不必太計較剛開始的位置是什麼，你如果真正好好去做的話，自然會受到人家的肯定，一步步的走來，確實是比較踏實。

一九八三年我升任教授，到了一九八七年台大認為有必要培養醫療管理的人才，主要是因為社會上對台大醫院有一個批評：台大醫院有一流的人才、二流的設備，卻是三流的管理。後來當時的台大醫院林國信院長徵詢我的意見，他希望我先擔任副院長，然後再到國外進修醫院管理。想到可以有機會再去唸書，當然很樂意，所以就答應了。

擔任副院長的第一年，並沒有太多工作，主要在了解醫院整個運作情形和幫忙監督新醫院的整建，第二年就到美國約翰霍浦金斯大學唸書，開始將重心放在管理，雖然年近五十歲才去唸醫院管理，我還是認真以赴，我常常為了打字寫報告而忙到很晚，雖然近半百才去唸書，我還是很用心。

從美國回來之後，繼續擔任醫院副院長，是最年輕的副院長，很多人認為將來我應該有機會出任醫院院長的；但我個人則希望學以致用，致力於醫院管理的改善。次年，醫學院通過了一個辦法，規定醫學院院長必須經由教授遴選產生，不久院方開始接受推薦。有幾位前輩要出來參選，我也簽名聯署支持。

不過後來有人主張應該有代表為比較年輕的醫生世代發聲，而我們這個年代的教授群裡，因為我擔任醫院副院長，算是職位最高者，所以就被推薦出來陪榜參選，結果意外地竟被選上，而由醫院副院長轉任醫學院院長。

一九九一年，我就任醫學院院長，一九九三年台大校長首次要經由遴選產生，這時醫學院又決定推薦我出來參與，沒想到醫學院院長任期還沒屆滿，就被選上了台灣大學校長，這整個過程完全不在我的規劃之內，但機會來了，我還是努力迎向前去，做好我份內的工作，為社會為學校服務。

瞬間念頭　拯救一條生命

有時候只是一個瞬間的念頭，但卻可以改變一個生命，有一天在急診室一個爸爸帶著剛出生兩天的小寶寶到急診室，我檢查之後，發現小寶寶得了無肛症，當年治療，前後要花十萬元左右。這位爸爸一聽十萬元，還在思考，結果旁邊的阿嬤立刻說：「回去再生一個好了，不要救了。」

這個爸爸聽了阿嬤的話，也不敢違背，帶著孩子就要走了，我心裡一個念頭，如果就這樣離開，這個小生命就沒有機會生存下去了。我還記得我叫住這位父親，開始訓話，請他必須要有責任感，如果有困難，可以請醫院的社會服務部幫忙。這個爸爸最後就決定要接受治療。

後來幾年，都是這位阿嬤帶著小朋友回到門診接受追蹤檢查，看得出來阿嬤對小孫兒非常疼愛，後來阿嬤跟小朋友說：「你這條小命是陳醫師救的，你要感謝陳醫師。」

身為一位醫師，聽到這樣的話，看見一個新的生命在你面前健康活潑，有再多的辛苦也都可以釋懷。我覺得每一個人都有他的天職，任何的生命都不可以隨便的被放棄，我們也沒有權利去放棄任何一個生命。

行醫三十多年，最讓大家印象深刻的應該是忠仁、忠義的連體嬰分割手術，這也是我生平開過最為人知的「大刀」之一。一九七九年我取得日本博士學位返國後幾年，剛升上副教授，當時世界上坐骨連體嬰四肢分割的案例較多，但像忠仁、忠義兄弟這樣的三肢坐骨分割案例，全世界只有三例，非常重要。

當時台大醫院也非常謹慎，從多位外科醫師挑選了我做主治醫師，我常想當年，我不是最有資歷的那一位，我也不是動刀動得最多的那一位，後來才知道，手術規模之大，必須透過團隊才有可能成功，我的個性就比較善於協調，就可以調度，可以讓各個環節最有經驗的都發揮最大的作用。

這個案例全球矚目，我壓力大到開刀前幾天竟然發高燒，沒想到開刀前一天，高燒自動退去，我才能順利動刀，幸好結果順利圓滿。

面對失敗　全力以赴

不過有時候，不管醫生再怎麼努力，仍然回天乏術；病人救不回來，雖然不見得是醫生的錯，但就某種程度來說，「你無法救，就是失敗。」只是做為一個醫生，不能因此就深受打擊而失去信心；因此，面對無能為力的「失敗」，如何調適心情，成為從醫者最重要的一堂課。

身為臨床醫生，應有「謀事在人，成事在天」的人生觀，但是這和「聽天由命」不大一樣，不能因為「成事在天」，就不好好努力，而是要能多做一分努力和準備，就能少一分意外或失誤，因為「你做的愈多，靠天的成分就會愈少。」

在日本習醫期間，我學習到失去病患時，日本醫師都會向死者家屬深深一鞠躬，誠摯表達遺憾之意，多數家屬也都能諒解。這種同理心，是醫病和諧的關鍵。但在台灣，我有被提醒千萬不要再說類似「個人能力有限」的話，因為會被告，我相信作為一個病人家屬，也會觀察這個醫生是否認真、努力，我相信只要醫生已做了他該做的，卻仍無法避免失敗，家屬多半會理解。

退休之後，有很多政黨都希望我可以出來競選，我推卻再三，遲遲不願答應。我一生學醫，最擅長的就是在醫院的工作，努力醫病關係，政治對我來說並不是我所擅長的事情，我也認為還有很多人會比我做得更好，當然更重要的是，我的成就都在醫學，應該要從一而終，繼續為這個領域奉獻服務。（陳維昭口述，趙靜瑜記錄整理。）

陳藹玲

美夢成真

富邦文教基金會董事／陳藹玲

就算是努力許久之後，有朝一日夢想成真，但這結果可以是海市蜃樓，也可以是金湯磐石，關鍵在於這一環——我們對於生命的認知！——陳藹玲

最近美國總統選舉中，歐巴馬最主要的一個訴求和口號是「改變」。除此之外，他還經常提到金恩博士說過的一句名言：「我有一個夢—希望人人生而平等、黑人不再受歧視！」

奇才達文西創作無數，激發他的一大動力，是他的夢想—飛翔！

其實，不必是偉人或天才，任何人都可以有夢。只要有夢，任何夢都行，最終實現與否，生命都將會變得更加精彩！只是從小就被灌輸這樣的想法的我們，也從小學起就不斷寫著「我的夢想」這樣的作文，似乎不見得都能把夢想當作生命的方向，當然也不必然會依此夢想擬下計畫好一步步實踐！這樣輕忽夢想的力量，實在是太可惜了！在我的生命經驗中，美夢成真與否，就在這一念之間！

迪斯耐童話裡灰姑娘的故事幾乎老少皆知、家喻戶曉，加上前幾年由李察吉爾和茱莉亞羅勃茲主演的好萊塢電影：《麻雀變鳳凰》精彩劇情的推波助瀾，只要是稍有知名度的女性嫁給稍有家世背景或事業有成的另一半，就會平添令人想像的空間！前兩年又有韓劇《愛上女主播》的收視熱潮，讓我的婚姻一再引人注目。沒錯，二十年前因為從事新聞主播工作成為公眾人物，連帶的使我的隱私也成為媒體關注的焦點。曾經被形容為飛上枝頭做鳳凰，曾經一提到嫁入豪門就被點名的我，在生下三個寶寶後，希望藉著文字，將眾人注意我的目光，由表層的生活面向，轉移到我的心路歷程，心想，這也許對讀者會有一些比茶餘飯後的閒聊多一些收穫和意義吧。我出過一本書，書名就叫《美夢成真計畫書》。書中條列了七個步驟：

第一，兼顧四面八方─討論生命哲學；

第二，彈性的生涯規劃，分階段選定目標努力；

第三，溝通藝術不可不學；

第四，情感問題小心處理；

第五，上班族成功術；

第六，正確的金錢觀；

第七，小心生活的陷阱！

書中內容當然免不了班門弄斧、敝帚自珍似的將一些經驗寫出，真心是希望經驗分享。然而，一不小心，我的書名和我的個人經驗給人一個印象，以為女性的成功可以和進入豪門畫上等號，以為所有被形容為幸福的一切，都有方程式可循─可以用哪幾個步驟幾種方法來達成。然而，事實真的是這樣嗎？

第一個問題的答案，嫁入豪門絕對不應該被視為「成功」，不是成功的開始，也不是成功本身！

以嫁入豪門為夢想的女性朋友，我幾乎敢肯定的說，是受到太多媒體報導的影響。大家不是看到，報章雜誌，總是刊登著穿戴得光鮮亮麗的淑女名媛、看秀買皮包、華屋美食，天天穿梭在眾多社交場合中！豪商巨賈家有喜事，電視台馬上用SNG直播新聞，好似普天同慶的連續放映好些天？這些媒體訊息明示暗示、都在說，「嫁入豪門」真是幸福！

以為富足的生活是幸福的保證，以為公主和王子結婚後從此過著幸福快樂的生活，這實在是大錯特錯！首先，將對方的經濟能力視為託付終身的主要考慮因素是非常不智的。財來財去！大家沒有看到因內線交易被收押的企業鉅子？因決策失敗投資失誤導致破產的財團？就算財富越聚越多，感情也會生變啊！外遇雖不是多數婚姻發生的事，但多金之士往往比一般上班族更可能碰上逢場作戲或難以拒絕的引誘。多少報章雜誌報導的盛大婚禮，在數年後產生的是對對怨偶？名或利是一時的，更重要的是人品、修養、共同的興趣、近似的價值觀等等層面的考量。當一切外在的東西去除之後，如頭銜、華服、豪宅、法拉利跑車甚至是私人飛機都消失的時候，你還會願意跟他共度一生？為他放棄個人自由？生養孩子？奉養他的父母？照顧他—當他生病時？共同負擔現實日子的重責大任？考慮了種種可能性，願意接受挑戰，這人才是你的白馬王子！透露一下，當初經人介紹另一半，經過不太長的時間，我們就決定攜手共度一生。我不知道他確實喜歡我的是哪一點，但我肯定被他吸引的是他的赤子之心，友愛孝順正直誠懇的家教！

其次，女性朋友們也不應該把婚姻看做自己生命的全部。生命之路是漫長的，除了養兒育女，侍奉公婆先生，還有許多事值得用時間去灌溉。就算是甘心情願、享受做一個全職母親和家庭主婦的我，也十分堅持女人要擁有自己，自己的生活、嗜好、空間和獨立自我。有人說女性必須追求成長，是為了讓另一半對她保持興趣與尊重，但我認為這也許只是結果的一部分而已，注意，是結果而不是動機喔！學習帶來生活的新鮮感、動力和樂趣，隨之而來的成長讓自己更喜歡自己，更有信心和活力！看重自己、珍愛自己的人，當然也值得他人的尊敬和愛了！更上一層樓的，還能依據自己的興趣和能力，追求家庭以外的成就和夢想，受惠的不只是自我和家人。

我不諱言，因為投身公益活動讓我不斷學習，關心層面的擴大、認識更多各行各業、各個層面的朋友，提升了眼界，開拓了智慧！我體會到的豐富生命遠比物質生活帶來的滿足多更多！如果我僅安於扮演某某人的太太或媽媽，就永遠無法擁有這樣收穫！愛家也要愛自己，然而在家庭與自我、甚至是事業中，又該如何取捨呢？這幾乎是我這些年來最常被問到的問題。其實，每個人都可能有不同的回答，因為，這本來就是一個沒有對錯、只有選擇的問題。為了要尋找適合每個人的解答，我建議，女性朋友已婚與否、都該儘早捫心自問：

「我最在乎的是甚麼？」

「甚麼能帶給我快樂或滿足？」

「我最重要的責任是甚麼？」

「我的終極目標是甚麼？」

根據這些結論，生涯藍圖就會漸漸成形。依著藍圖訂定時間表及優先次序，就好像給自己一張大地圖一般，讓我們在生命之路上不致迷途迷惘、不知所措。尤其對希望養兒育女的女性，生涯規劃格外重要，孩子小的時候，母親的陪伴非常重要也無可取代，做一個全職的家庭主婦是幸福且有意義！但孩子長大之後，頓失生活重心，面對空巢的失落，加上更年期的生理影響，如果沒有事先建立的心理準備及養成習慣，很多婦女很容易掉入憂鬱沮喪深淵，一時間難以平衡，不只苦了自己，也叫親人擔心！不如及早規劃、化被動為主動，讓自己可以充分享受熟年的空閒、發揮智慧利及他人。

現在來看看第二個問題吧，美夢成真，關鍵就是幾個步驟嗎？可以如此按部就班規劃並執行，所有夢想就會實現嗎？

可以讓美夢成真的努力的方向當然很多，然而過去《美夢成真計畫書》中提供的建議，經過這十多年來的驗證（那本書的書扉，照片裡坐在我腿上、當時不滿一歲的老三今天已經十六歲），仍然是我鄭重推薦的幾個重點，包括，上面提到的，分階段選定努力目標的生涯規劃。了解自己、經營自己，更要視時務的調整自己的腳步和計畫。在全球化的今天，競爭力的培養不只在學校，而在無時無刻中。過去說十年一個世代，如今是年年都不同，靈敏的觸角加上迅捷的動力，才可以站在有力的位置上、追求夢想。

溝通的藝術

再者，溝通的藝術此時更加重要。由於傳播資訊科技迅速發展，不僅改變了人與人溝通的模式，也影響文化的內涵。所謂溝通，豈止是聽說讀寫。我們這一代若是演講辯論高手，往往也容易在職場及社交場合中吃香，也因此贏得成功先機。但此刻，擁有深度的媒體素養與最新傳播科技的使用技巧，才能勝人一籌。何謂媒體素養？有人說資訊素養，不論是哪個名詞，簡單說，就是透過不同的媒體，取得、解讀、處理、運用資訊的能力。在龐大的資訊大海中，能不被淹沒及誤導是消極的目標；可以迅速找到自己可用的、充實自己的資料庫，再進一步的形成自我獨特意見，主動發表、發揮影響力，才能成為新世代的領袖！過去十年中，我在富邦基金會擔任執行長的重要任務，便是推廣媒體素養的概念及教育的深耕。想想看，十年前被認為無關升學考試的議題，今日已然成為公民素養，及早培育，多一分實力！

人情的練達

同樣重要的，還有人情的練達！不論科技如何發達，人永遠是情感的動物，感情問題如果處理不好，包括愛情、親情、友情、人情……，都可能產生慘痛的經驗。《紅樓夢》所以讓這麼多人玩味許久、甚至終其一生的研究，我以為就是書中描繪的情感問題及處理它們的智慧。不只是寶玉與黛玉、寶釵，還有上下裡外數不清的配角們。錯綜複雜的人際關係，讓讀者看得興味盎然。其實這樣的情節，早在真實世界中上演過千萬回，只是往往當局者迷啊！事過早已百年身。多多認識人心、人情世故，最起碼可以讓人生少一點缺憾。不少年輕人自我意識太強、連體會他人的心的意願都沒有，連分手也不會的時代中，擁有處理感情問題的智慧，是成就夢想最基本的鍛鍊之一！

懂得做人之外，做事也不可輕忽。

漂亮的女生不管多能幹，很容易被看做花瓶或被認為因外表佔便宜，唯有加倍努力，讓人路遙知馬力、日久見真章。所有上班族要求突出的基本生存技能，一樣不可少外，現代女性在家庭與事業中的兩難，更是頭痛的問題。再一次提醒，沒有對錯、只有選擇，生涯規劃中因人而異的結果，往往取決於個人的抉擇，在家庭與事業之間，女性的考量似乎更艱困！但誰說有標準答案？

學校沒有教的理財教育

這兩年來因金融卡風暴見識了它的重要性。金錢雖不是萬能，在現代社會中沒有它也是萬萬不能。唯有培養正確的金錢觀，才能在有形的物質世界中、找到最重要的人生價值所在，才可以充分感受文明、而不役於物。成功和夢想啊，多少是用有形物質去衡量的啊，如果一開始的價值觀就錯了，不敢想像後果如何哪！

例數了這許多的準備努力，我想說，在追尋夢想的過程中，最最重要的還是自己的價值觀和人生哲學！

「看那個人把房子造起來／看那個人把房子造起來／造在堅固的磐石上。看那個人把房子造起來……造在鬆軟的沙灘上。」就算是努力許久之後，有朝一日夢想成真，但這結果可以是海市蜃樓，也可以是金湯磐石，關鍵在於這一環—我們對於生命的認知！這首當我還是孩子時在教會中習得的歌、充分彰顯這個問題的重要性。

對生命的認知是所有努力的基礎

如果認知不對、努力再多也是枉然！然而甚麼才是生命的正確認知？

或許請嘗試從宗教入門！宗教都在尋求真理，從古至今不斷提供系統化的說法、理論、或故事或教條給人們一些尋找真理的線索，只是其中有時不免摻雜了太多的人性，模糊甚至扭曲了真相。所以最好的做法是參考眾家說法、再從中擷取精華！基本上，我認同所有宗教及不同教派在引導人類追求生命真諦的貢獻，也尊崇創造宇宙萬物的主（不論是用哪一個名稱）。但若是一定要區別的話，我算是個佛教徒，就像宗薩仁波切的書名「近乎佛教徒」吧！經過一些時日的探索，我以為這是一條比較適合我的途徑。

佛教中的「願」相當接近我今天對夢想的定義。當一個人對超過自我的利益的事務有關心、有期盼、有付出的使命感時，就是「願」！我要說它比夢想的層次甚至還高一些，因為它的出發點是超越一己之私的。從追求成功，到追求價值與意義！

大師們說，有願就有力，在立下目標之後，通常機會就會到來！所謂因緣聚合吧！在外在的、非人為控制的因素都配合的時候，剩下就看發願者的努力了！此刻，正知正見－知見的正確與否，個人所有價值觀成為關鍵。對生命事物的根本認知，將扮演重要因素！

最近看到一篇王永慶外孫女楊元寧的訪問，她的想法和經驗非常適合在此作例子。年輕的楊元寧有著不凡的經歷，她在十六歲時就出版了七本童書，十七歲時為紐約時尚週走秀，十八歲進入哈佛大學就讀。從六歲起，她的父親楊定一就帶著她和兩個弟弟讀經，包括孔子、老子和佛家思想。其中讓楊元寧最有感悟的是－《六祖壇經》。經書上說的：「菩提本無樹，明鏡亦非台；本來無一物，何處惹塵埃。」這話對她影響甚深！楊元寧的父親楊定一，長庚生技董事長，提供給她最好的家教，包括對生命的認知，也告訴她，人生最重要的是「願」，有了希望，我們自然會走向它。「助人的願」便是楊元寧的夢想，「有一天，我能為世界各地無數的貧困人口提供更好的生活方式。成為志工企業家後，我希望幫助世上每一個人獲得平靜、和諧、均衡的生活。我希望在某一天，即使是孤兒與棄兒也能有機會獲得良好的教育，並體驗世界的美好。」為別人付出，回報是甚麼？「看到被幫助的人開心，就是最棒的！」

年輕的她，不凡的不是她的背景，而是她真正一步步的在實踐這樣的夢想。最大的動力亦即她對人生、對生命的認知—「我們的靈魂或是精神，不管我們叫她甚麼，也是一樣的。即使拋去了這個肉體，我們靈魂還是永存的。真相是，我們本來就是美麗的靈魂，暫居在這皮骨袋中，內在是無限的光明，永遠不滅地閃耀著。」

最後要強調，寫下《美夢成真計畫書》，認為自己非常幸運、幾乎心想都能事成的我，也必須老實承認，「美夢很有可能成真」，但是除了需要智慧、勇氣、準備的工夫，還得有機會。我的座右銘是—謀事在人，成事在天。真實的人生需要實實在在的努力！但光是努力還未必保證夢想實現！所謂天時地利人和啊！

從古至今，中外皆然。很多懷才不遇、遇人不淑的賢能之士，論才氣和努力都不在別人之下，何以成就者不如他人？有人出將入相、有人考了十多年還是酸秀才；總統、閣揆、董事長、總經理，他們的同學也不乏一輩子委屈求全的人！差別在哪？就拿我來說，當時在台視比我資深優秀的同事不少人，何以我以三個月的新人資歷獲得青睞，與傑出的先進李四端共同主持新開的帶狀新聞節目《夜線》？老實說，是長官的賞識，更是機緣，佔了多數的原因！當然，如很多人說的，機會是留給準備好的人，如果沒有好好準備，再好的機會降臨只會自曝其短！無論如何，對於難得的機會，對上天的賜予，我們要永遠感恩！

所以，永遠懷抱著希望，永遠感恩，培養自己，掌握機會，夢想即使不能成真、亦不遠矣！

我為何想建立平台？

法易通股份有限公司董事長／**鄭鵬基**

即使天塌下來，也要施行公義。——鄭鵬基

我是個喜歡思考，不喜歡背誦的人，高中以前不愛唸書，面對書裡敘述的事情，常問為什麼，沒有答案。愈發覺得讀書沒趣。

書裡沒有我性格裡常見的正義感。畢竟，學校裡的書沒有《七俠五義》這些書有趣。後來我發現，正義感一半是天生，然後在生活中，看不斷發生的不公平事件，正義感漸漸茁壯了。

我從小在基隆生長，看鄰里間發生許多事，覺得大家要有個規範才行，那時我並不知道，需要的是法律。

後來我看電影，只要電影裡出現法庭辯論的鏡頭，無論是搞笑片，或是正經八百以法庭辯論為主要場景的電影，都興致盎然。

功課不好，高中聯考第一年落榜，第二年重考上復興高中，大學考上東吳法律系。東吳法律系，是我的選擇。我非常喜歡研究法理，開始享受讀書的樂趣。

李安讀電影後，才找到自我，我唸法律後，才發現自己不是一無是處，可見，唸書就是要對味，那時候，雖然，還不知道將來做什麼，但在興趣裡過日子，就不覺虛擲光陰了。

東吳學英美法，畢業後去倫敦政經學院是很自然的事。我在國內服完預官役後，前往英國倫敦政經學院（London school of Economics and Political Science）攻讀國際經濟法及犯罪學，一九九一年獲得碩士學位後，去美國研修相關課程，一九九二年回國，在行政院公平交易委員會工作，擔任專員及視察等職務，負責電信、有線電視、陸海空運、國際貿易、金融……等，還有關於反托拉斯及不公平競爭案件的查處。兩年後，我代表國家到國外諮商競爭法，也就是在美國華府跟聯邦海事委員會及海運總署等機關，就中、美航商間有關的控制及互租之競爭法議題進行諮商。

很多人說我擁有豐富的實務經驗及行政歷練，我還應元智大學的聘請，擔任企管、會計等商事法的兼任講座。

我的日子在忙碌中度過，確實，我很忙，一件事接著一件事忙個不停，另一方面卻不斷思考，到底我該做什麼，讓日子更有意義。

那段時間，我發現很多人去公平會求助，但礙於公平交易法處理的是反托拉斯法的問題，因此民眾求助無門而被建議到消基會或律師公會請求幫忙，求助的人通常茫然。我服務的八年間，發現台灣雖然走入法治國家之林，昧於法者卻不可勝數。法律資訊雖豐，專業律師也不少，民眾卻往往問法於盲，更囿於過去律師不易親近的形象，大半民眾視求助律師為畏途。那和我負笈留英赴美的那段時間，深深感受到法之於民，猶若甘露，知者若如仙丹良藥，是完全不同的感受，確實，若不懂得用法，法就若輕雨露水。換句話說，善用法者，如身披鎧衣；昧用法者，如赤身露體。在歐美，人人知法、善用法，人人各得其位，理直氣壯，社會依循法而蹈矩，公義自然得道。我的感觸太多了。

我印象最深刻的是，有位太太帶著小孩到公平會去，說要離婚，但不知道監護權給誰，也不知道贍養費怎麼要？有人介紹律師事務所給她，索價又非常貴。很多人常在公平會、消基會、法院、律師事務所之間來去，無所適從，我開始有了建立法律平台的觀念。在一般民眾裡，百分之七十的人對法律是無所適從的，他們需要平台。

我漸漸又發現有些朋友常說，只要自己不犯法，法律和自己就保持著「遙遠的距離」。其實並不如此，尤其到了現代社會，幾乎人人，經常都和法律保持緊密的關係。有時候，人們發現了這個需要，卻不知道怎樣保護自己。

譬如說，拖吊違規車子，很多人都有這個經驗。很多車主車子被拖吊，在繳了罰款後，開車回家，發現車被拖壞了，然後向申訴單位上告，因為車已離開拖吊場，投訴無效，這種案例不少，不少出售四輪傳動的商家，就乾脆送給車主一張寫有「此車使用四輪傳動裝置，如拖吊請加裝輔助輪。」的警告牌，算是因應措施，以免車子被拖壞。

很多人都對車子被吊，引發的傷害多所抱怨，其實，若沒有按標準程序，車主是可以請求賠償的，曾擔任消基會汽車委員會委員的《汽車百科》雜誌社社長范南江就說，拖吊公司常常撿好拖的車下手，事實上拖吊是有標準程序的，若沒按程序拖吊，可以提出告訴。

按照標準的拖吊程序，隨車警員必須在貼上封條後，在原地等待三分鐘，確定車主沒有出現，才可將車吊走。而且按照規定，拖車都應該加裝輔助輪，以免因為拖到傳動軸將變速箱給拖壞，如果車主趕到後硬拖，先拖一段路再貼封條，或未加輔助輪，都是違法。所以車被吊後，領回來之前，車主最好做如下的檢視：隔熱紙或門鎖的鎖頭有沒有弄壞，有沒有拖到傳動軸，這可看保險槓上的碰觸痕跡。試開一下，如果從N檔排到D檔，聽到哥拉柯拉聲，那就是變速箱齒輪受到損壞。四輪傳動車如果有同樣的聲音，表示差速器鬆脫了。然後，拉拉看手煞，如果變鬆了，就是手煞車沒放平的情況下被拖了，這一切都可以申訴，只是不要忘記，領車的時候要詳細檢查有沒有受損，而且要拖吊單位提供現場照片。

還有一件事也和車子有關，在新制的強制汽車責任保險多年後，雖然新制車險費率增加了「無肇事紀錄減費」的項目，不少保險公司卻沒減費，曾有車主向財政部保險司檢舉，保險司向多收保險費的保險公司開出罰單，每案罰二十萬元，紀錄良好的駕駛人是可以減少保費的，這是鼓勵駕駛人行車安全的法規，原則來說，過去一年沒肇事紀錄，保費打九折，兩年沒理賠紀錄打八折，三年沒理賠紀錄打七折，七折就是上限了。很多保險公司以「沒有過去承保資料」為理由，沒打折，或者車主沒有理賠紀錄，保險公司只打九折，許多車主並不知道減費的規定，根本不知道保險公司多收保費，車主若發現保險公司多收保費，可以檢附保費單，提出檢舉，保險公司會受到處罰。

有了這個理想，我二〇〇一年為建構兩岸法律服務平台，更前往上海華東政法大學攻讀博士學位，同時建立了當地的法政關係，一邊唸書，一邊進行工作。二〇〇五年取得法學博士學位後，又前往上海中歐國際工商學院攻讀EMBA，二〇〇八年九月順利拿到學位。

有一句拉丁諺語是：「Fiat justitia, ruat coelum」，深深地影響我。那就是「即使是天塌下來，也要施行公義」，一路走來，我就是如此堅信！我的信念一天比一天強。

我以為人人都該在有法律疑惑時，以最短速度，且索價不太高的情況下得到解答。在家裡打電話是一種方式，但手機已普遍使用，以手機撥打更便利，當人們有法律上的疑問時，用手機撥打，找律師詢問相關的問題，是最好的方式。這是我應該貢獻的平台，讓人了解、體會法律常識的重要。

說起來，從我在東吳法律系畢業，到以法律來服務眾人，這概念的成熟，還真有一段「遙遠的距離」。

網際網路興起後，我主持的法易通股份有限公司在最艱難的處境中孕育而生，我創建了「生活法律網」、「律師網」，為的就是要讓民眾能「簡單的接觸法律，快樂的與律師做朋友」。從二〇〇一年元月正式開站以來，已經有超過四十萬民眾上網查詢或尋求法律救援。民眾需要龐大的法律專業服務，我們於二〇〇四年進入第二階段的計畫，進一步整合已有的「法律資訊平台」及實體「法律資源通路」，全面發展「法律保障服務聯盟」，結合聯盟律師的力量，共同為實踐公義打拚。

「這麼說來，的確蠻有創意，也蠻有貢獻。」我的朋友知道詳情後，常常這麼說。

二〇〇四年「法易通」獲得第十一屆經濟部中小企業創新研究獎。這算是個答案吧。

二〇〇六年我們再度研發應用行動通訊技術，正式將網路及行動電話整合，推出「55885」法律急診室服務，獲得了第十三屆經濟部中小企業創新研究獎。成為我國有史以來首次以服務模式結合科技獲獎的公司，並且是獲得兩次國家獎項的公司。現在已有將近百家的法律事務所共襄盛舉，而結盟的律師人數也高達了一百三十位。

我們稱這條法律專線是法律急診室不為過吧，任何時候，只要是有法律方面的疑難雜症，甚至在路邊，拿起電話就撥打，就像生病時掛急診，我們也想做到「藥到病除」，解除一切法律的疑難。

醫院急診室必須有好醫生、好設備，我們嚴格精選願意且經得起檢驗的結盟律師群，提供民眾具有品質保障的優質法律服務，以有效解決長期以來存在於民眾與律師間的資訊不對等狀態。

事實上，網際網路興起後，也有許多業者踏入網路世界逐夢，但隨著網路事業前景的泡沫化，大多數業者早已鎩羽而歸，即便是苟活下來的業者，也多是步履闌珊地硬撐。然而，我們的資訊平台卻屹立不搖，繼續朝著既定的方向昂首闊步，更整合了行動通訊技術，扭轉了大局。

有一個秘訣，就是我們堅信的經營理念，是誠實、穩健、前瞻與貢獻，我們要以最誠實的態度面對民眾與自己，在穩健及前瞻的經營模式下，追求會員最大的利益，同時也兼顧到人生應有的價值，即對社會的「貢獻」。看起來好像在呼口號或遙不可及，卻是一個理念成形後，不斷深化、調整，一個一個腳步從過去走到現在，還要走到未來的一種真情實踐。

除了經營理念之外，我們管理上的理念其實非常簡單，那是：

一、以「人本化」的角度，思考對外的產品與服務內容，規劃對內管理措施、員工生涯與企業文化。

二、「制度化」管理理念，讓公司永續經營。

三、「扁平化」管理，再加上資訊輔助，增加員工工作效率。

我們公司上下都確信「公司法」第一條，就是公司以營利為目的，真正的義涵，在於同時兼營「公」、「私」之利。因此，我們全體員工早已把現有事業，當成志業。也就是這股理念，讓這家公司充滿了戰鬥力。

我們目前獲利不大，只和幾家電信公司合作，收取微薄的電話費，但是，我們堅信這是一種驕傲存活的方式，我們除了和律師合作，也要和心理師合作，現階段想在心理上尋求協助的人，並不比法律上尋求協助的人少，目前心理師公會已有一千多位心理師，未來心理師將不斷增加，法易通將於近期之內與各諮商及臨床心理師公會號召數十位甚至百位的心理師共同參與行動心理師的諮詢服務。

這兩年多以來的努力，法易通並不孤獨，除了已有六萬多位民眾的使用及肯定外，日本及大陸官方也開始重視「55885」的創新服務，其間我們已應日本政府及大陸官方機構邀請前往東京及北京演講，而深受該等地區的產官學所高度肯定。我們相信未來一至兩年內，法易通在台灣所建立的平台將迅速於中日台三地同時蓬勃發展與成長。對於以社會企業自許的我們而言，誰說公益一定是免費的，法易通將證明公與私的大利是可以同時得兼的。期盼與法易通公司一樣提供創新服務的社會企業未來都能發光發熱，我們更樂意將我們的經驗及心得與大家分享，好讓所有的社會企業大放光芒。（鄭鵬基口述，Zoe記錄整理。）

鮑立德

不在教堂傳教的神父

光啟文化事業社長／**鮑立德**

聽、會忘；看、會記得；做、會懂得！——鮑立德

民國四十五年十月五日是我來到台灣的第一天，一下飛機就被接往新竹的華語學院，第二天立即展開學習華語的課程。記得當時的天氣對一個來自寒帶（加拿大）的我來說，真是感到燠熱無比。中午吃飯的時候，一位神父看我滿頭大汗，他笑著對我說：「十月份的天氣你還這樣汗流浹背，到了夏天，六、七月的時候你怎麼能夠忍受？」這的確是我來到台灣面臨的第一個課題。

記得在剛剛開始學國語的時候，每天下課後我們幾位來自不同國家的學生，就會結伴騎著腳踏車前往新竹城隍廟，尋找各種機會開口說國語，我們學習問路、買東西，甚至和老闆討價還價。這一群老外的作為，在當時民風純樸的新竹街頭，形成了一個非常醒目、滑稽的畫面。

一年以後，我可以用中文做比較深入的交談，人們最感興趣的話題不外乎「你是哪裡人？」「你是學什麼的？」來到台灣之前我還是學生呢，在我的國家加拿大讀了文學碩士之後，又拿了一個哲學碩士。

「為什麼你會來到台灣呢？」當時在華語學院的學生都是耶穌會的修士，來自於不同的國家，那時候我有三個選擇，可以到衣索匹亞、海地或是台灣服務。從小我對藝術有特別的偏好，也接觸過中國的文學與繪畫，對中國國畫的意境非常感興趣，再加上利馬竇、湯若望等人的影響，我選擇來到台灣。

兩年多以後，我被派往菲律賓讀神學，然後升了神父。當時的長上建議我前往剛成立的光啟社服務，為此我到了洛杉磯加州大學（UCLA）攻讀戲劇藝術碩士，主修廣播電視，副修電影。暑期在哥倫比亞電視網及好萊塢製片場實習，具備了實務上非常寶貴的經驗。

回到台灣以後，一九六七年我正式進入光啟社工作，先後擔任過導播、總幹事、副社長、社長及顧問，前後二十五年之久。

光啟社成立以來，一直都是免費製作節目送給各媒體免費播出，所有經費完全來自國外基金會的贊助。漸漸地由於節目製作經費越來越高，國外募款也日趨不易，終於導致財務經營上極大的危機，當時耶穌會慎重考慮是否結束光啟社的營運，召集了在光啟社工作的所有神父，歷經九十六小時密集審慎的研商，重新訂定光啟社的組織架構與經營方向，同時投票推選我擔任總幹事，負責社務的整體運作。從此，光啟社徹底發揮了極佳的團隊精神，展現出嚴謹的節目製作專業，這些特色成功地讓光啟社在三十年之間得獎無數，創下台灣電視史上許許多多難以磨滅的紀錄！

追求團隊精神的集體策畫方式，不但提升了每一個節目的水準，無形中也增加了節目的數量，從當初一個月策畫製作兩個電視劇增加到了六個，也有能力策畫製作三十到六十集的連續劇。從嚴肅的主題到幽默的喜劇，譬如《小魚吃大魚》、《傻女婿》（二五九集）、《青蚵嫂》等等令人難忘的閩南語連續劇。也由於節目品質的精緻，當時的國語連續劇《愛的旋風》，還邀請到了國際巨星翁倩玉擔綱演出。

為提升節目的文化與藝術價值，讓畫面更豐富、更具可看性，我們成立了舞蹈組，在歌唱節目中根據歌曲的情境來編舞，也因此讓光啟團隊策畫製作的歌唱節目，擁有非常良好的口碑，如《巨星之夜》。

在光啟社的那段時間，我每天繃緊神經，隨時處於備戰狀態，除了繁瑣的社務工作，我還親身參與了每個節目的策畫與製作。雖然如此，我仍然設法在百忙之中抽身前往法國，協助舉辦宗教電視節目製作人員的培訓，前後多達十次，每次二至三個星期，參加的學員都來自於全球各地。

課程中我常常喜歡告訴學員：「聽、會忘；看、會記得；做、會懂得。」所以在短短的理論課程之後，我一定讓他們動手開始做，讓學員策劃製作一個類似「YouTube」型態的戲劇短片。在整個過程中，每位曾經擁有不同於電視媒體經驗的學員，輪流當導演、編劇、攝影師、剪接、音效與演員……。短短的時間中，每個人必須交出自己的作品，其難度可想而知，但也因為這樣難忘的實務經驗，有些學員是真的「懂」了，因此回去以後，有能力可以投身於電視節目的製作。無論在國內在國外，視聽人員的培訓一直是我的最愛之一。

一九八八年我離開光啟社，被派往非洲負責類似在法國所舉辦的視聽人員培訓，推廣教會內媒體福傳工作，兩年半的時間，我走訪了非洲十七個國家，不只到大都市也到了許多小村莊，視當地的設備與電力，安排不同的廣播、電視課程或是演講。在沒有電的地方甚至利用發電機來配合課程的進行，為來自一個先進國家—台灣的我來說，這真是一個相當獨特的經驗。

隨後我又被派往羅馬，同樣是為全耶穌會機構推廣媒體福傳工作。在五年中我到過東歐一些剛剛開放的共產國家，也走過歐洲、南美洲、亞洲等地，甚至再度回到了非洲。

離開台灣七年半，一九九五年我又回到光啟社擔任顧問一職。這段期間，台灣電視傳播生態有了極為重大的改變，有線電視崛起，百家爭鳴的狀況下，電視節目競爭之激烈可想而知。五年以後，我從光啟社正式退休，被指派接掌光啟出版社（現在的光啟文化事業）。

光啟出版社較光啟社早一年成立，至今已有五十一年的歷史。「光」耀世人「啟」迪人心，光啟這兩個字為傳播機構來說任重道遠。而這個名字取自徐光啟，就更具深遠的意義了，當年徐光啟和利馬竇所翻譯編寫的科學與宗教書籍，不但影響全中國，更因為往來於中西方耶穌會會士的仲介，讓歐洲人開始認識並了解中國文化，也因此引發了西方國家的第一個中國熱。

這兩個同屬於耶穌會的兄弟機構，一為平面文字機構、一為視聽傳播機構。直到今天，無論在教會內或教會外，仍有許多人分不清楚這兩個單位。更由於我過去長時間服務於光啟社，如今又是光啟出版社（光啟文化事業）的社長，愈加模糊了兩者的辨識度。

接掌出版社是我作夢也沒有想到的事，過去更沒有機會深入接觸這個領域。全新的開始，鉅細靡遺地從選書、編輯、印務、行銷、市場……，我花了相當長的時間做全盤的了解。

除了延續出版一些已在計畫中的書籍，譬如與輔大神學院定期推出的神叢與神論。在此同時我也開始著手找新書，嘗試去接觸一些新的讀者。每年光啟文化固定推出新書及再版書近四十本。

二〇〇〇年教育部正大力推動各級學校的生命教育，出版社為回應社會的需求，也希望透過我們的出版品，幫助學生建立正確的人生觀與價值觀，於是成立了一個新的單位—生命教育工作室，先後為國中以上學生製作一系列的多媒體生命教育課程。隨後也為三至七歲的幼兒編製一套幼兒生命教育教材，透過活潑的設計，讓小朋友在遊戲中、在美勞創作中、在福音劇的角色扮演中、在兒歌肢體律動中，以輕鬆快樂的方式，體驗並學習認識自我，學習與家人與朋友的關係，學習尊重與接納，更學習愛與感恩，暑假期間還為老師們安排生命教育課程的研習活動。

同時，出版社也發展出每年一系列的年度產品，如大月曆、手札筆記書、聖誕卡片等，深獲讀者的喜愛。經過這些年的努力，我們的年度手札更擁有了穩定的愛用者，每年都主動關心並期待手札所帶來的驚喜。

二〇〇二年出版社更名為「光啟文化事業」，希望提供更多與人、與教育、與社會、與文化有關的書籍、教材及多媒體產品！

離家五十多年了，不時都會有台灣的朋友帶著三分不解、七分好奇，睜大眼睛問我：「當初你為什麼選擇當神父呢？」這個問題實在不容易回答。

記得大二那年，學校為我們安排了一個三天的避靜，為的是讓學生好好思索自己的前途。在這三天中，我們完全與外界隔絕也不能說話，靜坐冥想反覆問自己「我是誰？」「我從哪裡來？要到哪裡去？」「我的生活有什麼意義？」「大學畢業後我想做什麼？」

不斷的祈禱讓我找到了天主，感受到祂對我的恩寵，在內心很深的感動中，一個非常清晰的念頭浮現在腦海中：「我要做一個神父，一輩子服務天主、服務人！」活動結束以後，我去看一位神父，問他我該怎麼做？那位神父告訴我：「你給自己兩年的時間，在正常的生活中，好好考慮仔細分辨，兩年以後大學畢業的時候，如果你這個念頭還是沒有改變，還是想當神父，那麼，它對你就是一個記號。」

兩年在非常愉快的時光中度過，除了學業以外，我非常喜歡運動，尤其是游泳、網球和滑雪。在滑雪方面我的成績相當優越，得了好幾個冠軍，在一次次的慶功宴中，自然而然地得到不少女孩子的青睞，事實上在這段期間我也交了一個相當談得來的女朋友，奇怪的是我要當神父的念頭並沒有從我心中消失。所以兩年以後我很自然地入了修會。

五年的初學與進修告一段落時，我再度面臨一個很大的抉擇，我認為既然決定要做一個服事天主兒女的神父，就應該勇敢地到國外去服務，所以不顧母親的不捨，我主動提出申請並獲批准，在家人的淚眼相送下，繞過半個地球，我來到了台灣。

初到台灣的時候，我看到的每一張臉都長得很像，分不出誰是誰？

接觸之後，很快地我辨識出每一個人不同的笑容、特有的表情……。陸陸續續住在台灣三十五年，認識的朋友無數，在他們身上我獲得許多珍貴的友誼，滋潤也成長了我的生命。原先一直以為自己遠到台灣是來服務的，沒想到在這裡我得到的比我付出的更多、更豐富。

五十二年的神職生涯，我幾乎都和媒體脫離不了關係。早年我陪伴著台灣電視事業走過起步與誕生的艱辛時刻，然後我見證了台灣電視事業的起飛與蓬勃；接著我在歐、美、亞、非各地教會推廣視聽傳播媒體，培訓當地專業人才；現在我投身於文字媒體工作，回歸到用最傳統的文字，傳遞出真、善、美、聖。

許多人好奇，一位神父不是應該在教堂裡教人為善、認識天主嗎？怎麼會在這五光十色的媒體圈中工作呢？我想，如果我們所努力策畫製作的節目、我們所編輯出版的書籍，都能引導這個社會和每一個人向著善、跟著美德勇往直前，那麼在無形當中，媒體工作無遠弗屆的影響力，和神父在教堂所司的職務應該是等量齊觀的。

身為神父，我終身不悔；身為媒體人，我感謝天主！

丟掉日本話以後

小說家／鍾肇政

戰後，大家都用中文，我必須以中文寫作，就更不怕去學中文。——鍾肇政

大家都很奇怪，我戰後才學中文，靠中文寫作是不是很辛苦，怎麼說呢？從小時候講起吧。

從小我會說三種語言，就是閩南話、客家話和日本話。我一九二五年生於桃園縣龍潭鄉九座寮，因父親到大溪內柵教書，全家搬去，住在桃園大溪的內柵，閩南語成了我的母語。三歲時，我父親從教日文的教師

退下來，全家搬到台北大稻埕，在大稻埕，我常跟媽媽和姨媽到大舞台、永樂座看歌仔戲和電影，閩南語講得更好。大約六、七歲，我進入太平國小，以前叫大稻埕公學校，在還沒開拓延平北路時，這學校叫太平公學校，建校有一百一十年歷史，是一所名校，我在這裡學會日文。大稻埕的日子，在我心目中留下了深刻的記憶，記得我中年後回去，仍有歷歷如繪的往事。寫了一個中篇《夕暮大稻埕》，在《自立晚報》連載。

不久，全家遷居桃園，我在桃園公學校就讀，一年後，全家遷回龍潭，搬回龍潭，我竟然一句客家話都不會。我父親是客家人，母親是福佬人，小時候，受母親的影響比較大。在龍潭上小學，小朋友都笑我不會講客家話。學校上課，講的是日本話，同學下課講客家話，我才學會客家話。回到家，連母親都和我說客家話，漸漸，我的閩南話反而較差了。從小學三種話，後來學中文，不覺得難，大概是這樣吧。

我父親在戰爭末期，被派到龍潭鄉的三合村，戰後不久，父親成了第一任校長，我到那個學校教書。是用客家話教的。

日本投降時，我二十歲，一邊用客家話教書，一邊丟掉最熟悉的日本話，開始讀《三字經》、《百家姓》、《增廣賢文》、《幼學瓊林》，父親雖然是日文老師，漢文書讀了不少，成了我的漢文老師。

早先，會說日本話，看了很多日文書，日文書有很多片假名、平假名，以致我後來看中文時，很多字，不會唸，卻看得懂。

在我還不會說中文時，看了很多日本文學及其他經典世界名著，奠定了我對文學的興趣，記憶最深刻是《三國演義》，這本書在日本時代非常普及，連我母親的父親，都看過日文的《三國演義》，我後來看中文的《三國演義》，因為相似的字很多，大半看得懂。說句題外話，日本人有很多會做漢詩的，奇怪吧。

雖說父親是我中文的啟蒙老師，卻將中文忘得差不多了，我就另外找了日本時代，教中文的七十幾歲老先生當老師。早幾年，他沒學生可教，一下子，際遇大不同，大家都找他。龍潭人口兩千人，有四人教中文呢。

那時候，每天去老師那裡，或去學校教課，都要走一個多鐘頭的上下坡路。碰到鄰居，彼此都問，學到什麼，大家互相問，互相學習，蠻快樂的。

我非常渴望有一本字典，終於在我父親的書廚裡，找到《康熙字典》，那是有注音的，但不是現在用的注音，是反切，以兩個字來表達一個字的音。

當時在政府機關教育科，辦了一個講習班，教大家ㄅㄆㄇㄈ，那是戰後第四年，每個學校派一個老師去學，回來再教我們這些沒去的。我們學到的，馬上教小朋友，教學相長，進步很快。大概一年以後，我對二十四個注音符號字母，才真的融會貫通。

當時我還是用日文思考，和朋友寫信，大半還是用日文。有時試著用北京話表達，大概也事先用日文想好，再在腦子裡，再「翻」成北京話。

我從小就很喜歡讀書，戰後，先看中日對照的書，後來看中文書，先是中學的漢文教科書，閱讀了韓愈、柳宗元、杜甫、陶淵明，看這些，先用日語唸，再用客語唸，最後才學會用中文唸，後來覺得要學習用中文思考，就大量讀魯迅、矛盾這些五四時代作家的作品，看了很多，自然知道要怎樣以中文方式表達，也學到很多日語裡沒有的語彙，後來，台灣作家常用日本語彙，很不討好。在這方面，我花了很大的心力。幾乎有好幾年的時間，將思考及用語習慣努力轉換成中文，一直在努力，突然間就成了作家，有點奇異的感覺。我想閱讀培養一個人的認知和眼光，是絕對的方式。

走上創作之路，艱辛才真的開始，必須有很強烈的興趣才行。

我在日治時代看了很多西洋文學名著，像《懺悔錄》、《父與子》、《羅亭》、《罪與罰》等。更早的時候，喜歡日本古典詩（和歌）。我想，這奠定了我寫作的興趣和素養，當然，早年的日文《三國演義》功不可沒。

戰後，大家都用中文，我必須以中文寫作，就更不怕去學中文。我在淡水中學讀書時，認識李登輝，他高我一屆，我們住在學生宿舍，這個學校用功的人不多，大考時開大夜車，小考時開小夜車，大部分人都這樣，我不例外，李登輝例外。他好像每天都面臨大考，每天唸書到半夜，那時宿舍是日本式，房裡是榻榻米，出來是地板，桌子很矮，坐下來到胸口那種，他每天都把桌子搬到房間外面，那裡留了一盞小燈，讓上廁所的人方便，他就那樣看書到半夜。

記得他在中央政府當農業專家時，常到鄉下考察，有時會來看我，有一次，聊起過去唸書時候的事，我讚他用功，他說，是啊，不用功怎麼考得上，又說我，不但不用功，還看一大堆閒書。其實，我就是閒書看多了，才想當作家。

戰後，日治時代用日文寫作的作家，作品幾乎都被翻譯成中文，我翻譯了幾篇，很可惜，這些作家戰後因為年紀較大，不學中文，再沒有作品。

但在日治時代也有用中文寫作的作家，像鍾理和，還在北京出版單行本。

我的寫作過程並不順利，我在一九五一年，看了很多書後，終於蠢蠢欲動，覺得寫作對我來說像流水一樣自然，當時有一份雜誌《自由談》舉辦徵文，題目是：「我的另一半」，那時結婚一年多，寫了兩千多字寄去，得了第一名，感到幸福，以為自己是作家了。後來卻屢遭退稿。

我從兒童到青少年，都在日本時代，所以寫的一些成長小說，都是日本時代我自己的成長經驗，有一本書叫《八角塔下》，寫淡江中學時，在八角塔下發生的一些事情。主要是中學生的學生生活，《濁流三部曲》也是。

再說一個我會成為中文作家的例子，我後來唸淡江中學，這個學校是五年制，我不像李登輝那麼用功。畢業後沒考取好學校，就經父親的安排，到大溪做了小學代用老師。那時候，同年齡的人看到女性，常會有一些嚮往，奇怪的是，我看到台灣女性比較平淡無奇，看到日本女性比較嚮往。有個日本女性剛到台灣，常常請教我很多事，我和她接觸很多，就把她寫進《濁流》裡。

我所碰到很多不同女性，都在小說裡一個個呈現出來。第一個讓我懷念的女性，是《插天山之歌》裡的奔妹，這本小說裡的男主角像我，膽子小，懦弱，我就是這樣的人，生活中，我後來結婚的妻子，是一個強壯的，能照顧我的人。

雖然，我在小說裡，描寫一些真實發生過的事，生活中出現的人物也會在書裡出現，歸根結底，我真正寫的，不管是原住民，漢人，男人，女人，小孩，……其實都是我自己的化身。小說很多地方是胡思亂想出來的，不過，感情、思想，常常從我自己出發。這是蠻有趣的事情。也許讀了很多小說後，自然就知道怎樣把林林總總的真實、虛構呈現出來。有人說，我的生活反映到我的小說裡，所以我的小說就反映了台灣歷史，這也是巧合吧，當初沒想到。

話說投稿，第一次投稿順利，以為就此一帆風順，沒想到之後連遭退稿，幾乎成不了作家。我倒是不怕，繼續投，我和一些作家朋友，把退稿當成是，再自然不過的事，因為我們中文還不夠好，又不了解當時熱門的反共，懷鄉，當然不能投編者所好。我們一點也不氣餒。

慢慢退稿的次數減低，直到一九六〇年《魯冰花》讓林海音在《聯合報》刊登，那是我的文章第一次在副刊連載，連載完，得到很大的讚賞，林海音每星期會給我四、五封，甚至六、七封讀者的來信，我突然成了當時的名作家。尤其拍成電影後，人人知道《魯冰花》。

我擺脫了「退稿歲月」。其實，《魯冰花》這篇小說，隱含了種種批判，批判當時的社會狀況，貧富差距，教育問題，和當時的反共懷鄉文學大不同。

那以後，以前被退的短篇稿件，有的做點修改，有的完全沒改，寄給報刊，也都登出來了。我以往辛苦的寫稿歲月共九年呢。

不過《魯冰花》連載後，沒有立刻出版，出版社有各種考慮。我其實也感受到壓力。我擔心會被約談，《魯冰花》之後的作品《濁流三部曲》第一部，我特地投《中央日報》，就是怕約談，他們立刻登出來，當時林海音還有些抱怨。

其實《魯冰花》之前，我寫好三部長篇，一個是《圳旁人家》，是結婚後不久，每晚睡覺前，太太說些她娘家桃園水圳旁的故事，讓我感動的，我就寫進去。很多人寫小說先練短篇，我卻先練長篇。這本書，五、六年前才整理後拿去發表。另一部是《迎向黎明的人們》，後來成為《台灣人三部曲》的第三部，我現在很懷念當時拼命寫，不管能不能發表，有沒有稿費的傻勁，要成為作家，就需要傻勁吧。

我後來主編《台灣文藝》雜誌、主要培植年輕作家，《民眾日報》副刊，是希望辦出特色，無論如何，都是想善待作家，像李喬的《寒夜三部曲》差不多有八、九十萬字，東方白的《浪淘沙》差不多有一百二十萬字，都太長，很難發表，但是我鼓勵他們寫出來，提供發表園地。那是七〇年代的事情。由於《民眾日報》天天見報，對我小說創作有影響，我停筆了一段時間，但是能幫助作家，我很開心。

林海音非常照顧台灣作家，她當時編的副刊不太注重反共抗俄，懷鄉，才給了我們機會。我非常感激。當時台灣作家寫的都是台灣的事，因為我們就知道這些，別的不知道，別人稱我們是「鄉土文學」。總之，寫作就是要寫你懂得的，熟悉的事。

這些「鄉土作家」除了我，還有鍾理和、陳火泉、文心、施翠峰、廖清秀，都只寫我們熟悉的事，是啊，若要我們當時寫反共抗俄，懷念大陸，也不知道該怎麼寫，寫出來也因為不熟悉，不會生動、深入。

我和鍾理和通信後，代理他的稿件投給各報刊雜誌，最重要的〈笠山農場〉卻得不到發表機會。我急著去看鍾理和，隔不久，他過世了，我看到他的遺稿上，還有吐的血跡。

那時候由於時局的關係，和大陸來台作家先天上語文佔優勢，場面上的作家，大半是軍中作家，台灣作家很少，有時我們這些「鄉土作家」會在文友家聚會，談得非常盡興。在政治味濃的時代，我對政治不感興趣，純粹喜歡文學。就是這樣，才熬過難堪的退稿歲月吧。

直到現在，我這一輩的，還很難不受日文影響，我很理解，為了要做中文作家，成名後，還在努力中文的修辭、思考，這種努力，是一輩子的事。（鍾肇政口述，沈嬿記錄整理。）

人生終必完美

中華民國愛盲協會理事長／**嚴長庚**

我們家五個兄弟做事都勤勞、有著不怕苦的精神。——嚴長庚

民國二十四年（一九三五年），我出生時，家住在上海法租界，民國二十六年年底日本人佔領了上海，租界區還算安全、平靜，不時還有愛國學生遊行，也有人捐錢捐米救濟難民，更有不少支援前線的抗日活動。家裡環境不錯，有奶媽照顧我，直到老三長秋、老四長青問世，生活才越來越苦，有錢不一定能買到糧食，那是受到大環境影響的關係。

母親生下老四長青後，身體不好，醫生檢查得了肺炎，父親送她去周莊養病，我和父親及長春陪母親到周莊。老三長秋和老四長青留在上海二姨媽家，請幫傭照顧。父親安頓好我們回上海，我便在周莊國民小學讀一年級。

父親在上海，有空會來看我們，但交通不便，上午從上海搭火車到無錫，再從無錫搭船到周莊，如此得花上整整一天時間，由於無錫到周莊沒有公路車，坐的是前面有馬達的拖船，船的速度很慢，可看到沿岸的婦人在河邊洗米、洗衣服，做各種家事。

父親是獨子，由曾祖母帶大，曾祖母往生，傷心之餘賣掉家中剩餘的房地產，離開傷心地杭州，到上海開設了當年全上海最豪華的安樂宮大飯店，後來抗戰的關係，進出安樂宮的人太複雜，父親怕事，讓出經營權，在安樂宮擔任不記薪的採購員，我和母親、及老二到周莊後，父親經朋友介紹，在南京擔任小學級任老師，教三年級。

過了一段時間，父親接我們去南京，我在父親上課的學校上二年級。

記得有一天，學校外面敲鑼打鼓有人遊行，學生下課後好奇趕去圍觀，不小心發生嚴重擠壓，有個父親班上的同學，被重壓在下面跌倒受傷，父親聞訊後趕去，緊急送醫院急救，已回天乏術。第二天，家長找校長理論，並做各種破壞學校動作，父親看情況嚴重，就去警察局自首，並自動離校，因此失業了。

父親失業，我也沒法上學，父親在家附近馬路旁賣清粥小菜，大概不會做生意，沒人上門，我們只好自己吃，父親以典當維生。不久，響應政府十萬青年十萬軍的號召去重慶，母親到上海二姨媽家，在二姨父的紡織廠當工人。並將我和老二長春送進南京兩個不同的孤兒院，那時我九歲，長春七歲。我和長春相約每個星期天，中午飯後約三點左右，到鼓樓旁邊的小橋上見面，談的都是吃不吃得飽的問題。老三長秋被介紹給浙江嘉興沒小孩的人家當養子，老四長青給另一對沒小孩的夫婦收養。

在孤兒院，我們吃不飽，但有書讀，有地方住，沒流浪街頭，周日又可放假，當時覺得還可以。抗戰勝利後，父親先回上海，然後將我們兄弟接回上海，結束孤兒院一年多的生活，全家住在上海二姨媽家。我開始在上海上小學。父親到處託人打聽，希望能找回老三長秋、老四長青。後來找回長秋，他的養父母不要賠償費，無條件還我們。正當我和父親、長春、長秋歡聚時，老五長壽在上海出生了。

直到我們到台灣，沒有找回老四長青，是我們全家人永遠的痛。

抗戰勝利後，父親在上海有個臨時工作，接到自杭州到台南高維興伯伯的信，問父親，要不要去台南負責所有空軍軍人和眷屬的戶籍登記，父親接受這份工作，先去台南，安定後才接我們全家到台南，當時我們寄住二姨媽家，他們只有一間房，夫婦兩人及表弟三個人住本來剛好，我們全家，加上長壽一下子多了四個人，窘困情形可以想像。

我們在民國三十七年三月，登上中興輪駛向基隆，船上，母親暈船，長壽哭鬧，我抱著長壽在船上踱方步，開始盡兄長的責任。基隆上岸後，看到父親，真高興，父親帶我們坐了十個半小時的火車到新營時天亮了，直到上午八點多，才到台南。

台南車站像杭州的嘉興車站，一切從新開始，我們住在空軍配給的房子，共兩個房間，一間父母親和長壽睡，另一間我們三兄弟睡，當時只感到新奇。這新奇，包括沿路看到的建築，還有聽到的說話口音，無一不令人好奇。尤其比在上海和姨媽一家住的房子真是又大又好。屋外，有不太大的園子，種了幾顆木瓜樹和花，我們樂壞了，像住進皇宮一樣。

以當時父親空軍准尉的資格，我們進了空軍子弟小學讀書，我在上海讀過四年級，子弟小學五年級沒開班，就讀六年級，全班加上我，共四個學生，父親後來覺得自己在國防部三軍輪流點閱時，立正稍息都像「活老百姓」，就沒去參加集合點名，這樣就算離職，一切配給和薪水都沒有了。

我們向空軍司令部報准，友人的幫助下，請工人蓋克難房子，屋頂用竹子中間剖開，編成正反兩面，往上一合，整片架上屋頂，四面釘好，上面再蓋稻草，前後左右房子由竹子編成，上面鋪一層土，土上面鋪石灰，就是很堅固的牆了，地上鋪水泥，正前面是八塊門板，早上拿下門板，就是門面。

我們家開了雜貨店，賣菸酒，和雜貨。裡面左右各一間房，父母睡一間，我們兄弟睡一間。後來鄰居建議賣菜、賣魚肉，我們在空地上建屋頂，地上鋪水泥賣菜，兩個月下來，虧本。後來就只賣雜貨。我學會騎車後，雜貨店東西賣完要補貨，就由我去。

小學畢業後，考慮要幫忙照顧店，考上台南一中夜間部，白天在家幫忙，晚上上課；初中二年級時，父親覺得家中環境不好，將來無法讀大學，不如早點學技藝，就由父親的朋友介紹，到中華日報製版部當學徒，那段時間，因環境的關係，認識很多文筆好的編輯、記者，也參加函授學校，記得當年他們借我看的書有：《基督山恩仇記》、《約翰克利斯朵夫》、《戰爭與和平》、《塊肉餘生錄》、《飄》、《悲慘世界》、《紅樓夢》、《藍與黑》、《水滸傳》、《三國演義》、《古文觀止》等，工作外，上函授學校，看書、練字，日子過得非常充實。

不久《中華日報》製版廠結束營業，他們將製版發外製，我失業了，後來去銘華製版廠工作，有兩年學徒經驗後，薪水加一倍，多年後薪水調整，等我的技藝達到師父水準時，每月薪水一仟元，還包含食宿。自留兩百，其餘家用。

偶然，我知道有一家中日合作的僑聯印刷廠開幕，以彩色印刷為主，請了日本技師教彩色製版照相，我辭職去學新技術。薪水陡降，後來花了一年時間，才調整薪水為一仟兩佰元，又能正常幫助家用了。兩年後，由於種種機緣，我到中華彩色上班，……直到我加入台彩團隊，才開始創業，創業後經過轉型、組織變更，遷廠等，努力四十年後，小有成就決定退休。

回顧過去，我和老二長春只差兩歲，從小我幫忙家裡事，忙不過來時，就叫他來幫忙，老三長秋一度被送給人養，失而復得，是另一種親密的感情，老五長壽差我十二歲，我還抱過他，感情更親密，也許因為他年齡和我相差太多，他凡事都和我商量，他讀到高中畢業，記得讀高中時，最得意的是當樂隊指揮，現在還非常喜歡音樂，常支持音樂團體演出。

長壽高中畢業原本要考大學，我還答應若考上公立大學送一台機車，結果未能如願，隔年準備重考，兵役通知來了，等服完兵役，父親原要他跟我去學印刷，我說服父親，讓他走自己的路。他到美國運通當跑腿小弟，這是他當時的選擇。

我們兄弟做事都很勤勞、不怕苦，我，長春、長秋、長壽都一樣，長壽不但做事速度快，還勤學英文，像當年，我白天上班，晚上學日文一樣。後來，他被升為機場代表、業務代表，之後擔任國際導遊，帶團往歐洲、美國，這是他成功的起點。

長壽常從準備旅遊的前置作業中，閱讀很多資料，旅遊時許多典故當故事講給團員聽，讓團員增加旅遊點的知識。前幾年公司虧本，他接任總經理後增加業務量，改變經營方式使公司轉虧為盈。事業進入頂峰時，周董事長邀他主持亞都大飯店，父親當年中風，臥病在床，母親要我打聽他想離職的原因及亞都是否非他不可。

長壽在美國運通走入順境，全家也進入小康的環境，他卻要到亞都擔任總裁，亞都周董事長是他帶團時的團員，大家相處得很好，緣起是這樣：起先周董蓋好亞都後，請他去發表意見，他在國外看了很多五星級飯店，就建議請英國專門設計五星級的設計師來台重新做了很大的改變。尤其在隔音隔間上做了很多變更，連床、桌椅都以人體工學原理繪圖訂製，除了延遲半年開幕，還增加大筆費用，一方面周董肯定他在美國運通的能力，再則，長壽對周董也有知遇之恩，當時美國運通為挽留長壽，請他去美國主管國外部，並提出優厚的條件，還負責全家可以移民美國。他卻覺得害周董花這麼多錢一走了之，不是該有的態度，我沒話可說，只好聽母親的話，請來周董，談條件，讓他去亞都上班。

三十年來，周董果然遵守投資者立場，長壽負責經營，讓他自由發揮，當初長壽的決定是對的。

我們兄弟感情很好，父母過世後，原來住的老家要拆。補助金我表示給老三長秋，因為晚年是他照顧父母，其餘兄弟都沒意見。如今我們兄弟也定期在長秋家見面。

民國六十三年，我經朋友介紹參加台北市城中國際獅子會，當年參加這個會被認定可提高身份，並認識不同領域的企業主管，我剛進入獅子會一年多時，被推舉為秘書，說實話，獅子會是訓練領導人才的最佳場所，大家為同一理想作社會服務，也很不錯，每次做服務時，都戴國際總會全球統一的衣、帽。當年獅子會的服務對大家來說是個暖流。在獅子會服務，除了訓練上台主持會議的口才，還訓練面對不同問題的解決之道，更訓練一個人的組織能力，處理公文的能力，一個人如果在獅子會擔任過各種職務，就訓練了各種才能，尤其在自己的企業裡，常常說了就算的老闆，能訓練怎樣和人溝通，讓反對的聲音真正消失。

我在獅子會擔任過三次祕書，然後被選為第三任副會長，一年升一級，三年後擔任會長。在一個沒想到的日子，國民黨社工會王總幹事約我見面，主要是了解我的印刷事務，最後要我代表印刷業，參加全國工業總會會員代表大會的理事選舉，我被選上了，那年的理事長是辜振甫。在工總近三十年中，我參加賦稅、勞工、中小企業、環境汙染、大陸等委員會，認識許多工商界大老。這是我現在當選愛盲協會理事長，很多企業人士出錢支持的動力，做公益事業除了要有心認真做，心中要有愛的動力，更要有錢方能推動。

愛盲協會成立三十五年了，起先，獅子會有個護目愛盲委員會，但獅子會的組織任期只有一年，不能發揮長遠績效，為了推動眼角膜移植讓盲胞恢復光明，以及器官移植合法化，我們就推動立法，成立了中華民國愛盲協會。由獅子會裡的醫生、立委成員及其他獅友捐款成立，經數年努力才完成三讀，通過器官移植法。醫生手術就具有合法性，可以放心移植眼角膜造福眼疾患者。

因宗教信仰的緣故，斯利蘭卡願意捐獻眼角膜，這是世上少數的眼角膜供應國，我們的回饋在斯立蘭卡成立九個醫療病房，學童教育基金，發起捐獻眼鏡，讓貧窮的近視者，都有眼鏡可戴。並為捐獻眼角膜的亡者，舉行超度法會，多年來已為台灣地區超過三千多人進行眼角膜移植，但因為捐贈者有些年齡太老、或手術匆忙，或取得路途過遠，保存液未妥善處裡等，曾有失敗紀錄，現在改由美國進口，價格較昂貴，移植成功率百分之百。

我起先是愛盲協會監事會主席，後來才擔任理事長，愛盲工作越做越深入，現在我們對治療視網膜黃斑部病變，貧困的人還可以請求補助。

當然，忙於工作之外，我有很多朋友，視他們為師的則是卜少夫，劉紹唐，他們心胸寬闊，讓我學習做人及交友之道，至於喜歡看的雜誌，是傳記類書籍。

事實上，無論是工作或生活上，也和他們一樣，相信人生終必完美。

對於小弟長壽今天的成就我感到高興，他認真負責、追求完美的性格是成功的要素，而他對兄長的恭敬更是兄長們感到安慰的事。我們兄弟都從艱苦中奮鬥出來，現在長春、長秋都過著安逸的含飴弄孫退休生活，兒女們個個都很孝順且顧家。

今年是愛盲協會邁入第三十五個年頭，本想擔任三年理事長能夠交棒，想不到在十月二十九日的選舉中又被推選再連任三年，不得已只好繼續服務三年，希望在未來的三年能夠為更多的眼疾患者服務。今天媒體報導，大法官解釋認為按摩業不准明眼人從事的行業是違憲的規定，三年後明眼與盲眼均可從事按摩行業，如此盲眼人所從事的按摩業將受到影響，如何訓練盲眼人能夠從事更多的技能，是未來政府與民間均需努力的方向，當然如能在醫療上幫助他們恢復視力是最好的方法，也是愛盲要努力的方向。（嚴長庚口述，Natalie記錄整理。）

◦他，她，他們**的**故事

走自己的路
──記蕭煌奇及其他身障朋友

作家／丘秀芷

身障每跨出一步，就有許多難題。──丘秀芷

還只是四五年前，跟別人說起蕭煌奇，大多數人會回應：消防局？

這一兩年，多數人會說：蕭煌奇，作曲作得棒，歌唱得可真好！特別強調「盲人歌手」的並不多！是啊，多數人螢光幕上看他的影像，聽他的歌聲，談話，沒有意識到他是一個行動有大障礙的盲者。

身障人互動

蕭煌奇不是我認識的第一位盲人樂手，二十多年前，我去看團員有一半肢障的廣青合唱團，其中居然有一位視障—阿達。有一年，我帶廣青去馬祖勞軍，休息時全盲的阿達跟一位健全的團員在北竿無車的小街道上奔跑，我驚異盲人其實有很多讓人意想不到的能力。而其他肢障者歌聲之好，更讓我大開「耳界」。

廣青的多位身障朋友讓我了解「殘而不廢」的定義，自己也在工作上開始充分的運用這一點。

我自民國七十六年到行政院新聞局工作，主要的任務是聯繫藝文界和辦活動。政府的「名人下鄉」活動就是我最先策畫的—當時還無「名嘴」一詞。而所謂名人又要宣導政策，當然需各部會首長配合。而附帶的請名電視主播、名作家、學者，以及宗教界大老。後來乾脆走心靈教化路線，跟慈濟合作，有一百六十多場活動，主題也改為幸福人生，無他，慈濟人身體力行！說服力更深更大。而活動範圍也包括學校、社區、部隊。

民國八十一年開始跟慈濟合作，大場的由證嚴法師主講（一年兩次），小場的由慈濟委員上陣，搭配名家。

有一次我想起邀身障朋友參與，尤其視障音樂天分高的比比皆是。有一場去憲兵司令部，那一場除了電視主播崔慈芬，幫慈濟做很多歌曲的音樂家郭孟雍，還有一位視障風琴手周煜開，弱視的朱萬花。

朱萬花唱歌，周煜開手風琴伴奏時，許多憲兵的臉，淚水流滿面，以前憲兵身高必須一百八十公分以上，這些大漢心柔軟下來，他們看到另一個「視界」。

透過朱萬花介紹，下一場，我們到新竹少年監獄辦活動時，帶了別的視障者蕭煌奇和湯國保。視障朋友間會相互介紹工作機會。這一點最讓人佩服。

他們的慧根

嚴格來說，真正的近距離和盲者接觸，認識他們的「天賦異稟」，周煜開是第一個。他會玩各種中、西樂器，用手指在桌板都能滑出樂章；用胡琴拉出人說話的語調。更神奇的是坐在飛機裡，能知道飛機座位是否客滿；在公車站牌等公車，能知道幾號巴士全憑聽力和第六感判斷。坐在轎車裡摸一下車頂，可以說出車型；又可以預測雨幾分鐘開始下─他說是靠皮膚感覺溼度。而全盲的湯國保能打籃球、棒球。湯跟周煜開都是文化大學音樂系畢業。許多盲樂手都是文化音樂系出來的，只有張林鋒，修豎笛、鋼琴，第一名畢業自輔大音樂系。

而擅長梆笛的林景陽更奇了，畢業自中興大學法律系，後來到美國修得音樂碩士，他雖不是全盲，但是管視─也就是窄視，一隻眼只能看到十元銅板大範圍，另一眼全盲。他家境不怎麼好，我寫信給婦聯會，結果，婦聯會給他兩年四萬美元的獎學金，去美國肯塔基留學。他一個盲者，居然兩年內修完學位回台灣。

大多數盲音樂手的家境不好，只有周煜開父親是將軍，也曾是部會首長，但是周煜開自己憑才能闖出名氣之後，父親才公開承認有個天生沒眼珠子的兒子。周煜開後來在父母主持下結婚，生子，但民國九十七年春，得癌症病逝。壯年而去。

蕭煌奇的起步

多數盲者，因為比較不會打扮，所以看起來，總是令人悲憫。

也有一些例外，像朱萬花一直打扮得體。而蕭煌奇，張林鋒，就長得高大而體面。他們身高約一八〇公分，又壯壯的。

民國八十六年第一次見蕭煌奇，是找他去新竹少年監獄（今已改制），那次法務部長廖正豪也來，聽蕭煌奇唱歌之後他感動不已，也奠定法務部後來常邀身障樂手赴監獄感化院做感化工作。

而我也在工作中加了去監所，感化院巡迴的活動，和肢障、視障者的互動更密集。

九二一大地震，災區的民眾、學生以及救災的官兵，都需要心靈的轉換，我更密集帶他們前往災區，尤其許多學校，更是每一次我們團隊去，就全校停課看表演或聽演講。許多社區也都密切配合，甚至來電要求再去。他們大多指名蕭煌奇的全方位樂團。

蕭煌奇和他的整個樂團全部五個大男孩，之所以最受歡迎主要是陽光，又開朗。樂手最大民國六十二年次，一個六十三年次，兩個六十五年次，最小的六十七年次，初識他們，阿彬還沒有二十歲，蕭煌奇剛滿二十。五個中有兩個弱視、三個全盲，但是他們的世界卻十分絢爛。

最年輕的吉他手阿彬和一八三公分BASS手鴻祥，鴻祥彈低音吉他還有豐富的樂理常識，這兩個每次領到鐘點費就想去買CD。小帥哥柏毅是鍵盤手，在文化主修豎笛，他的外型最俊；鼓手阿勇長得矮，多障（脊椎不對），但最會趴趴走，很討喜。蕭煌奇是柔道黑帶二段，肺活量好，音色好，能吹薩克斯風，能彈吉他，更能唱，他的外型帥氣。

一九九九年春天，我開始策畫他們到歐洲巡迴演唱。外交部長胡志強是新聞局老長官，他任新聞局長四年中，見過我辦過許多次「不可能的任務」活動的。所以外交部第一個支持，文建會當時主委林澄枝，也曾看我辦過活動，也支持，新聞局長程建人，自己就愛唱歌，對蕭煌奇十分欣賞，曾推薦他當選第三十七屆十大傑出青年，加上僑委會也盡點力，就這樣，後來即使發生九二一大地震，我們仍然如期於十月出發去歐洲。當時順便帶遠東紡織捐的九二一地震襯衫，以及全方位自己的CD，我們在巡迴演唱時義賣捐贈。

全方位歐洲巡迴演唱

去了巴黎，在巴黎大學，中華文化中心，三一教堂，老人院表演四場，到英國，去障礙生學校，也去教堂。去阿姆斯特丹，則到國際學校、市政廳，當地國際學校還升起中華民國國旗，市政宴會廳上每桌放了小國旗。到慕尼黑，和盲人互動，交換表演，在禮堂，附近所有華僑都來，聽音樂，也買了CD和九二一襯衫。

蕭煌奇的眼睛乍看之下很正常，也會朝著聲音方向而轉，所以在外國很多人，尤其小孩，不認為他是盲者。另有鍵盤手和BASS手，也與常人「無異」，其實是弱視。伸手見不清五指，看字要用放大鏡。只有吉他手、鼓手是眼睛緊閉，典型盲人樣。

蕭煌奇不止外型好，尤其練過柔道，曾代表國家一九九四年參加北京殘障亞運得銅牌，也曾參加亞特蘭大世界殘障運動得第七名。也許，練柔道也練出一身好身體，尤其肺活量夠。歌壇就沒有那個歌手唱得過他，他獨唱全場兩個小時，又唱又跳又吹薩克斯風，一點也不礙事。

蕭煌奇除了能唱又能寫歌作詞，事實上，除了在西餐廳唱大眾耳熟能詳的歌，一般來說，他總喜歡在表演時唱自創曲，而樂團的夥伴也會編曲伴奏。

一九九九年我帶他們去歐洲巡迴表演前，要求他們多練一些外國歌曲，在英國當然唱英文歌，在巴黎唱當時巴黎一部很叫座的的連續劇，主題曲Hé Léne，他也背了下來，唱得有情有致。去慕尼黑，則用德文唱舒伯特的「鱒魚」，以美聲演唱。此外還搭配義大利歌及許多英文歌，當然也有國語、台語，也一樣有他自己創作曲。那次迴響奇佳，很多信來新聞局，要求再帶他們去。

一九九八年起，連續幾屆蕭煌奇的創作曲都得文建會的文薈獎。此外，也得新聞局的徵文獎（我不在評審員之列），他的文章也讓評審感動不已。

盲者創作也好，記別人的曲也好，十分艱難；尤其背外國歌曲──多數盲人無緣看中文字型，或看A、B、C，硬是一次次的聽，硬背下來。有的一時背不下，用點字記，所以他們背誦時，閱讀時，手指在看來「一無所有的」白紙上移動。

記譜當然自己記。近年，文字轉成有聲電腦多了起來，只要經濟許可，也一個個購買，方便工作、閱讀。

帶他們去歐洲時看英國的盲人學校，才知道我們的盲人點字由國語注音符號轉換，沒有和世界接軌，完全另一體系──聽障者的手語也是，有些由國語音去比劃，像「福」字就比「鬍」子的樣。我一直不解，為何不直接學世界性的。身障每跨出一步，就有許多難題。

誰是他的眼

蕭煌奇常不畏險阻，勇闖新領域；作詞如此，作曲更是如此。他曾作一首台語歌「走自己的路」，最後是寫「如今的社會常常乎人失望／人情的溫暖不知攏走去兜藏嘍／找無幾個人要幫忙／只有靠自己走出咱的路／一條自己的路／自己的路。」

從這首歌歌詞，可見到他堅毅不拔的意志。但是，他也是知恩感恩的人，「你是我的眼」早在五年前發行，當時，台北市長馬英九與成龍特別到華山藝文中心幫他站台。還有陳昇—蕭煌奇的好友，很搞笑的拿一個鳳梨出場交給蕭煌奇，這扎手多刺的「旺來」代表祝福他旺運來了，但一個盲人拿到扎手的水果，那種心情可想而知。

看不見的人，還是有所不同。一次我帶全方位五個大男孩，加上馬惠美（布農族盲眼女歌手）去台東巡迴表演，走遍了幾個重刑犯監獄，尤其岩灣，泰源。表演結束，請他們吃台東特產釋迦，居然都沒吃過。我解釋了半天，如何吃法，最後還買了鳳梨釋迦，讓他們一人一盒帶回家。心想：家長沒給過釋迦吃，大概是怕他們無法區分皮，子，肉吧！

大陸行

二〇〇〇年九月全方位和馬惠美去大陸表演，大陸接待單位排了北京大學，人民大學，工商大學，中山大學，韶關學院，五所南北學校，也安排了肇慶、珠海、四會等戶外大型演唱會。此外安排與當地「殘疾人學校」互動。去北大，是這學校第一次讓搖滾樂團在禮堂表演，所以學生特別審核，表演時有幾位公安在門口，其他學校也是第一次，所以在先勘察音響時，缺這缺那，臨時買這買那，學校方面也忙翻了天。

至於到戶外表演，也很特殊。在四會和珠海，很多台商來，尤其蕭煌奇唱「黃昏的故鄉」一曲，台商多淚流滿面。有趣的是，有些台商結束時忙塞錢給樂手，（還是新台幣），我忙阻止了說，這是行政院新聞局來這裡辦活動的，是政府的活動不能收錢的。

去歐洲，去大陸，自以為突破，困難度高，而且深怕政府給的鐘點費還不夠，自己另貼錢加上去。

但是，由於政府財政日絀，根本不允許我再以「高鐘點費」邀殘障樂手巡迴表演，後來我的工作停頓了。自己也請辭。

多數合作過的樂手，或講者，慢慢失聯，只有蕭煌奇，三不五時會打電話來。他出CD時會給我一份，他開餐廳開幕，也會邀我和兒子女兒，過年尾牙，每年一定找我。

水到渠成

二〇〇七年元月，我去武夷山買了一對紅壽山石貔貅，蕭煌奇遷入他的房子，我送這「招財獸」算是賀禮。而也是這一年，中視開闢一個新節目「星光大道」，第一名的林宥嘉唱「你是我的眼」得高分，節目製作單位把原創作、原唱的蕭煌奇找去上節目，效果奇佳。接著，帶動蕭煌奇的CD大賣。接著，星光二班的賴銘偉也在節目中唱「你是我的眼」「阿媽，您好嗎？」兩首都是蕭煌奇的歌，賴也得第一名，蕭煌奇更因此通告和訪問接不完。

二〇〇八年，金曲獎，蕭煌奇終於得獎（以前入圍數次未得），終於，水到「曲」成。雖說不上家喻戶曉，但知名度已不亞於一些大牌明星。他卻說：因為我送他招財的吉祥物，讓他財源滾滾。

只是成大名之後，謗隨之而至，有一些小小枝節。每看到這些新聞，我就想起，當年他發行「你是我的眼」專輯時，馬英九站台拉起他的手說些鼓勵的話，但陳昇送一個拿在手中又重又刺痛的鳳梨果實。是啊！「旺來」隨之而來的不就是一些刺嗎？蕭煌奇，繼續加油，繼續披荊斬棘！一路旺吧！

真正去活著，才是生活

——張系國訪問記

詩人／初惠誠

為什麼蚯蚓沒有銳利的爪子和牙齒，強健的筋骨，卻能向上吃到泥土，向下可以喝到泉水？因為專心呀。——張系國

專心做一件事，能做得更好，不管是文學或者科學都一樣。每個人的天性、才能、氣質均不同。《荀子・勸學》裡說：「螾無爪牙之利，

筋骨之強，上食埃土，下飲黃泉，用心一也。」這段話是說，為什麼蚯蚓沒有銳利的爪子和牙齒，強健的筋骨，卻能向上吃到泥土，向下可以喝到泉水？因為專心呀。

張系國既是從事小說創作，也是從事科學研究。問起他當年以資優生保送台大電機系，倘若專心從事文學或者專心從事科學的話，會不會更有成就時，張教授這樣回答：

這個世界上只有僅少數的人，比較幸運地可以一輩子專心做一件事，專心的人比較幸運。我的父親學工程，而我並不喜歡醫學，不喜歡化工，遇到電機還可以接受。於是決定學電機，餘暇的時間寫作。唸大學期間想改行唸人類學，我一直都對文化對人很有興趣，所以，許倬雲從國外回來，我跟他聊得很投機，跑去找他。他在文化人類學，他是系主任，請他幫忙寫加州柏克萊的推薦信。

於是到加州找一位六十幾歲，美國的一位老教授。他說，先別急著轉系，先旁聽課程再做決定。我想也對，先旁聽一門課。剛好講社會學古埃及的人口變遷，埃及的尼羅河從山地流經平原，人口與雨量有關係，用電腦作模型預測埃及人口。我覺得同樣搞電腦，還轉系幹什麼？我要學的不是這些東西。而且那時開始多閱讀一些書，我才明白美國所謂文化人類學的真面目是什麼。

有一位文化人類學的大師，是我在台灣非常崇拜的人，他是研究印地安本土文化的權威。我讀了他的傳記，才知道他其實對印地安人非常不好，他將研究對象的印地安人當成活標本，送到博物館餵養在那裡。從此我就對歐美文化人類學失望，其實那也是歐美帝國主義心態下的產物。還是決定不轉系，沒有改行。

那麼，文學與科學的相似或者相異之處呢？張教授說：

有一位俄國出生，英美文學鑾重要的小說家納布可夫說過一句話：「科學離不開幻想，藝術離不開真實。」這句話很有意思，一般人以為科學家不會幻想，都面對最真實的東西。其實不然，假如沒有幻想，科學根本不會進步。舉最淺顯的例子：大家都知道萬有引力。蘋果掉下來，質量的東西都會吸引另一個東西，這在當時完全是幻想，很久以後才得到證明。

藝術為何離不開真實？張教授說：

一般以為藝術家都是想像力很豐富都是幻想，其實沒有一個抽象藝術家會脫離真實。以詩為例：情感來源、創作動力都來自人間事，否則可以斷言沒有人會閱讀他的詩。

所以科學與藝術並非總處於對立面。好比達文西，我們都知道他不僅是偉大的藝術家，包括潛水艇、直升機……，對人體的解剖學均有研究。驅動的動力、創造力，因為好奇，而去試著想怎樣飛，怎樣才能潛水。

好比科幻小說，很多人會說，其實真正原理不一定是這樣。科幻小說就是小說，吸引讀者的因素和其他小說是一致的。所以不是因為有人愛科學就去讀科幻小說，反過來說，也並非是愛科幻小說就喜歡科學，兩者根本不太相干。就像寫推理，不見得得是偵探。

所以從事類型的創作，不見得是那方面的專家，推理不見得是偵探，科幻不見得是科學家。那麼，怎樣的人可以寫科幻小說呢？有創造力的人，他覺得類型比較暢銷而寫科學，像是倪匡並非是專家。完全合乎科學的稱為科學小說，不太有人看。

《美麗新世界》的內容有一半均不成立，不符合科學原理。小說或文字的好處是想像空間，電視則纖細畢露。留空白給讀者，才有想像空間與餘地，不可能合乎科學，假如要符合人性的話，不可能一板一眼。

所以武俠小說可以暢銷，沒有限制；科幻小說則附會科學的精神。物理學家楊振寧、李政道剛開始構想都是想像，後來終於提出「宇宙不等恆定律」。小說家不能只想要符合科學，李遠哲主要從事化學動態學的研究，在那方面貢獻卓著。大江健三郎也是因為專心才能獲得諾貝爾文學獎吧！我不夠專心，成不了大江健三郎、楊振寧。也沒話說，那是當初的選擇，悠遊於科學與文學間，也算是幸運吧。

您在生活裡和文學的關係多，還是和科學的關係多些？對於社會的觀察呢？對於生活的定義是什麼？

什麼是生活？一天花十八小時做研究並非生活；一個人死的時候，說他活過；工作的時候，必非生活；燒飯燒菜那不是生活。喜歡做菜燒飯感覺存在才是活過。活著，真正去活。有時候寫東西也是應酬稿，關鍵在於有沒有活過。

男人究竟要什麼？

有位《紐約時報》的專欄作家毛潤道德（Maureen Dowd）女士說：「很簡單，男人最喜歡亮晶晶的東西！」亮晶晶的東西，英文是shiny objects，或者閃亮的東西，就是男人真正想要的。男人這麼簡單嗎？仔細想想又似乎如此。勳章、珠寶、銀子，金權是男人的最愛，難怪男人容易墮落。

另外，男人也喜歡閃亮的玩具。電腦裡的世界也是閃亮世界，自給自足的世界，永遠沒有寂寞。男人得到最愛以後都會變心，男人掌權如同結婚一樣，拿走他的權力也和奪走他的女人一樣麻煩。

有次在中餐館用餐，得到一個簽餅，裡面的籤語說：「你會從瑣碎小事裡獲得很大的滿足。」人生似乎是瑣碎所累積而成，電影《同床異夢》（Break-Up）劇情裡兩人為了洗碗吵架，那個男的說：「我為什麼會喜歡洗碗？」女人回答：「你應該為我而喜歡洗碗。」他們都錯了，洗碗不是為了誰，人應該從瑣碎的事裡獲得滿足。然而瑣碎的爭吵，也是如此累積為洪瀑，終至一發不可收拾。

至於女人呢？

當女人說：「下次永遠不去」就是「下次一定要去的意思」，您別弄擰了。當女人說NO的時候，您得仔細分辨好是否說YES。從經驗裡我就獲得教訓，母女之間的矛盾是人民內部的矛盾，妻子／女兒／女人V.S丈夫／爸爸／男人間的矛盾是外部的矛盾。別看母女有時候看似敵人，其實是永遠的朋友。反倒兩個年齡相仿的女性看似朋友，其實是永遠的敵人。王鳳姐弄權鐵檻寺好不得意，最後力詘失人心，眾姐妹淘誰來幫她？

連佛洛伊德都要脫口說出：「女人，女人究竟要什麼？」一般凡夫俗子的確經常墜入這種迷思，像我自己也是如此。是否如《西遊記》所言，女人都是盤絲洞裡的蜘蛛精，非得要吃了唐僧肉才能長生不老？摸索那麼多年漸漸領悟：《金瓶梅》裡所說的「潘驢鄧小閒」這五字口訣真有道理。遇到年輕女性時是「潘驢鄧小閒」，對成熟女性則倒過來「閒小鄧驢潘」，包準錯不了。

「閒小鄧驢潘」口訣的第一個字是「閒」，男人有閒，才能慢慢陪女人磨，陪女人聊。只要有耐心，已經成功了一半。口訣的第二個字是「小」，只要肯放下大男人的身段，願意做小男人，領悟當小男人的種種好處，陪女人做她想做的事情。第三才是有錢，即為口訣的第三個字是「鄧」，錢不必多，多了反而麻煩，過得去就好。男女雙方都能經濟自主，才是長治久安的保證。口訣的第四個字是「驢」，「驢」本意為「驢叫白」，他是武則天的面首，因為驢的那話兒最長大而得名。現在有了威而鋼以後，這是比較次要的問題了，反而前戲與後曲更為重要。最後才是具有潘安之貌，有的成熟女性反而看奶油小生不順眼。

對於社會的觀察？您這次出版的書籍《帝國和台客》，好像就是談及這方面的觀察：

首先，台客是什麼呢？就是質樸爽快、純真可愛、腦筋靈活、隨機應變、山不轉路轉、兵來將擋水來土掩的行事風格。我是台客的一員，我居住在一個帝國裡，祖先則來自另一個帝國。我和這三者的關係都有千絲萬縷剪不斷理還亂的感情，但是，我最關心的還是最不起眼的台客。

台客文化是一種混雜和融合的文化，和大一統帝國的文化不一樣。

例如《海角七號》電影裡有原住民、外省人、閩南人、客家人，也展現了台客的多樣與包容。其實身居台灣的人和跑到世界各處的台灣人，不論身在何處，都可以說是廣義的台客。

台客必須要像跳恰恰舞一樣，和兩個帝國保持距離，但是情感融洽地，來創造屬於自己的溫暖明亮的小世界。台灣是逗點不是句點，不論經貿、科技或者文化方面，他都可以扮演中國和西方的橋樑。台灣就像逗點一樣，代表一種未完成的過程，而且永無完成的一天。

獨立或者統一，都是一種完成，但是台灣最好永遠不要譜出完結篇。不論小說或者電影，故事的完結篇永遠是三部曲裡最壞的一部，因為故事已成定局，再無翻盤的可能。台灣的最佳途徑可能是：遊走中西，虛擬中華。

生命的某些缺口上，我們並不知道過去偶然的遭逢，會對日後的自己產生意義。您喜歡海，台灣四周也是海洋，能不能談談最近您的航行壯舉？

我從小就喜歡海洋，小時候住基隆，沒事就到港口看大海、輪船、軍艦。最喜歡的是渾圓結實的小拖船，再大的船它都拖得動，於是立志要當小拖輪的船長。這個念頭一直存在著，直到渾渾噩噩過了六十年，都快退休了，童年的壯志再度湧上心頭。

我還是喜歡大海，偏偏住在內陸的匹茲堡，自知這輩子可能不會搬到海邊。有一天看到亞歷堅尼河裡一艘燈火通明的小拖輪，在暮色蒼茫裡拖了一串運煤的駁船緩緩航行。少年時的浪漫情懷突然湧來，我明白有些事情必須快點做，再不做就沒有機會了。而且誰說內陸不能行船？我可以買艘小船在河裡旅行，一圓航海夢。何況亞歷堅尼河不是無名小河，它銜接俄亥俄河，注入密西西比河，即能順流而下直奔紐奧良，甚至到加勒比海。

買什麼船好呢？從古至今，旅行都是孤獨者的志業，你不能想像徐霞客參加旅行團或者攜家帶眷走天涯。所以我只需要一葉扁舟，我一向主張「小就是美」，無論汽車或船不必龐然大物，可是必需自給自足。

終於找到一家加拿大公司（Roadtrek）改裝的小型RV，用道奇旅行車的底盤，車長只有十七英尺，所以在城裡停車不是問題，麻雀雖小，廚廁臥室澡房該有的都有，和大型RV相比毫不遜色，公路上每加侖可跑十六英里，算是活動房屋，保險費按活動房屋計算，是普通汽車的三分之一，比開普通汽車還節省。

合意的小船必須可以放入車庫，後來偶經河邊碼頭看見一艘小快艇，才十三英尺長，船底是夏威夷式雙龍骨船（Catamaran）的超穩定設計，我這種笨拙的人也可操作，一見就愛上它了。裝上二十匹馬力的Honda引擎，時速可達十五英里，一個主油箱續航力百餘英里，還可以添加副油箱。小艇吃水不到一英尺，所以淺河湖泊都可以到達。船身黑金兩色是匹茲堡鋼人足球隊的顏色，在陽光下熠熠生輝，這艘船近乎完美，可惜不能住人。

我找到內行的帆布店畫圖改裝做擋雨篷，小船有個像敞篷車的棚頂架子，放平即為快艇，撐起架子四角扣上特製擋雨篷，就可以改裝成可睡兩個人的小型住家船（house boat）。

除了必要的設備：可以煮咖啡生力麵的小煤氣爐、備用電池、衛星定位儀、羅盤、手搖發電收音機、伸縮槳外，船底還裝了三個可拆卸活動輪子，裝上輪子就可以短距離陸上行舟。如此既是快艇，又是兩棲水鴨子，也可搖身一變為住家船，所以是多功能實用迷你寶船。費時一年半的籌備，當個六十四歲的老水手，即將實現馬克吐溫筆下所寫的密西西比河上的生活！

文學、科學、航海，分析世間事、世間人，多豐富的生活啊。

找尋一個理由
——黃春明訪問記

作家／陳祖彥

沒有人認識出生地是由書本得來，看書、看地方誌外，用腳走路，讓人對家鄉產生感情，總是這個樣子。　——黃春明

翻開樸拙、淡美的「九彎十八拐」，一張張再生紙裝訂，或中，或左上，或右下……位置不同的淡雅撕畫，翻著，得到「賞心悅目是目的，筆記功能，反而像附帶贈與」，這樣的答案。

充滿童趣的書夾，列印下面幾行字：

要到我們宜蘭有三條路／一條是翻山越嶺的北宜公路／過了縣界，要經過九彎十八拐才會到達宜蘭／另一條路是沿著太平洋沿岸的濱海公路／快到宜蘭的途中／可以看到海洋中的龜山島／還有一條是鐵路，需要穿過二十六個山洞／你選哪一條路呢？歡迎來去宜蘭玩。

我們來了。

踏上由宜蘭縣政府租借的演藝大廳，走一節節階梯的時候，除了腳步聲，該有風，或蟲鳴鳥叫，清晰或若有若無傳過來。見到標舉宜蘭人為宜蘭做事的黃春明，這時所有成了序幕。

後來相形之下序幕也退位。序幕中想過的是，台北到宜蘭不遠，之後想，是的，「來去宜蘭」，倒也不算太容易。

黃春明的手機響起來，他輕聲謝絕訪客，因為要籌備兒童劇演出。漸漸謝絕的原委清楚了。

「黃大魚兒童劇團」在宜蘭籌備演出了幾個兒童劇：《我不要當國王了》、《愛吃糖的皇帝》、《掛鈴鐺》、《小駝背》、《小李子不是大騙子》、八月要演《稻草人和小麻雀》。至於《小駝背》在羅東展演廳演出時，是免費索票的，《稻草人和小麻雀》則在台北中國石油公司國光會議廳演出。不管是誰，拿到九十七年七月至八月沒列印營利事業、機關團體名稱及統一編號的統一發票收執聯，累計六仟元，就可以領入場券了，最多領兩張。

演藝大廳二樓，狹長的辦公室內，青春正盛的兩個女孩，一個正職，一個當輪班義工，這天劇團未排戲，她們在為《九彎十八拐》雙月刊的編務忙。雙月刊，也是《九彎十八拐》幾個字。

九十四年創刊的雜誌由董陽孜題字，黃春明繪圖，薄薄一本，轉載了名家作品。這時候攤在眼前。

桌上堆著書、文具。書一如所料綿延走道上，四周牆壁的裝飾像畫室，我們所在的地方，像一般編輯室。是的，像編輯室，也像畫室，更寧靜點，一點不讓人感覺在夏天。

電話鈴聲偶然響起來，沒風。

以往在台北，黃春明出現的場合，定有不少人圍繞他，聽他說各種精采生活、故事，聽者永遠不倦，直到大家必須離開，縱使聽的故事，上次聽過，也讓人興趣盎然。最後，才非走不可。

黃春明還是要說故事。

我們聽著時，我想著一個個畫面。

他小時候，看到國語流利的外省人，寫流利的白話文佔便宜，哪知和他們做朋友後，不僅國語變好，文章也寫得不錯。這和多了外省朋友有多少關係，他在思考嗎？我想像不出當時他有什麼表情。

我們看他不管什麼時候，都將平淡瑣碎講得生動，總是想，寫作對他來說，天賦起碼佔一半。我在找尋答案、理由。

那時候，連他都不知道原因，老師更不知道，看他寫的文章，以為是抄的，好在有這個誤會，也慶幸黃春明固執，非要證明文章是原創，對老師說，如果不信，我再寫一遍。他要老師出題目，最好，像他熟悉的秋天農家，打穀機的聲音那些，可以自然寫進文裡的題目。這些從童年就留在腦裡的東西，使他在台北功成名就後，念念不忘宜蘭，無疑，就是那些顏色，聲音的吸引力。

他的思鄉，讓宜蘭更清楚呈現出美。

後來，老師要他寫的題目是：〈我的母親〉。八歲時，他母親死了，他只有模糊印象，就寫記得的吧。寫完在外頭曬太陽，老師叫，還不知是禍是福，直到看老師紅著眼說，很感動，也不知道為什麼感動，就像他後來說話總引人入勝，用心，誠心說每句話，想來寫文章也用心、誠心。語言和文字間的關係是同一個心吧。

母親死了，下面有四個弟妹，都吵著要母親，他怎麼給他們？這些瑣事，成了流露的感情。

老師說他的文章有感情。

老師送他兩本書，一本是《沈從文短篇小說集》、另一本是《契克夫短篇小說集》，他後來一直喜歡沈從文的浪漫，契克夫雖不浪漫，以寫實主義的筆調，寫悲慘生活，那種人在義憤時，才知道的生命價值，也深刻感動他。如果說，黃春明童年的流利語言和誠心是寫作天賦，兩本書功不可沒。

「我一直寫短篇小說，沒寫長篇。」他笑說，彷彿受到契克夫影響。還說，契克夫比莫泊桑好。

我看到作家在童年走上喜愛閱讀的路，其實也是大半作家的路，黃春明比較不同的是，沒有循規蹈矩做好學生，好孩子。或是他現在對每個小孩都懷抱希望的原因，好不好沒什麼關係。

那時候，恐怕連他都自認是壞孩子，在外面混，不想回家，覺得家裡沒空間，這是家裡生活空間小的關係吧，不久，他被退學，離家一年。母親死後，他就因為調皮，吃飯、睡覺都在外頭，後來更用腳讀地理，哪個地方不知道，就這麼認識出生地，一點也不空泛，事實上也是，「沒有人認識出生地是由書本得來，看書、看地方誌外，用腳走路，讓人對家鄉產生感情，總是這樣。」他說。

我們串連著，他兒時熟悉的秋天農家，打穀機的聲音，在宜蘭四處流浪，……點、線，擴大到面，等到時機成熟，就回宜蘭了。

他說認同有三種：出生地的認同，族群的認同和國家的認同。如何尋找自己，是認同土地的方式，為什麼很多打仗時拋頭顱灑熱血的人，不是有土地的有錢人，而是認識土地，對土地有感情的人，他對「愛土地」的看法、觀點，一點不錯。

但是他不贊同台灣過分強調悲情及族群撕裂，那就像人在繭裡，人必需撕破繭，才能看到外面的寬廣啊。

當然，童年他是自憐的，覺得在繭裡，必須咬破繭，才像蛾飛出去，那時候，他就感覺到繭和困境、生存的關係。

他躲在繭裡，等待咬破繭後，飛出去接觸寬廣。閱讀契可夫的小說讓他悟到，原來閱讀艱苦是一種享受。當時，沒有人去過蘇聯，透過契可夫的筆，蘇聯卻令人同情，有了那樣巨大的悲憤，相形之下，其餘悲傷不重要，再度面臨悲傷，任何人都可以變成不會哭的人了。至少像黃春明這樣的讀者，不但在閱讀的時候感同身受，了解了終極痛苦是怎麼回事，也在將來下筆的時候，著墨於小人物的悲哀。引起廣大讀者的同情、悲憫，就是一種哭不出來的悲憫吧。

那時畢竟小，不斷尋找外在世界，面對外面世界，陡然發現閱讀的世界，比一切大，通過閱讀和閱讀時的想像，外面的廣大令人滿足，這是擴大了視野的世界，用腳走路，卻讓熟悉的世界在腦海定格。他恍然大悟，身處的世界原來這麼小，但他的心理仍然有股不妥協，他不像唐吉軻德，知其不可行，不斷向外挑戰，只是把文學當成自我教育的力量，一遍一遍看，體會出生命的價值、看法。

敏銳的觀察非常重要，就像野獸的嗅覺、聽覺一樣，他說，這是他們在大自然中生存的條件，對作家來說，一切的敏銳也是「生存條件」。他似乎從退學中，找到成為作家的能量。

後來，他重疊地圖上同個地方，找到它不斷改變的歷史，成了他的小說題材。

他卻沒有真正走到體制外，在屏東師範畢業後，不敢回宜蘭教書，他想著，家附近，誰不知道他的過去？誰敢讓孩子給他教？於是到花蓮當老師，其實是愉快的日子，不滿小朋友常遲到，直到偶然知道他們家離學校太遠，就搬到離他們家近的地方，有更多時間陪他們。後來，他覺得學校的體制實在僵化，那年，他教小學五年級，督學到學校，看他在教室外面沒貼生活公約，儘管他解釋，他不以為公約該貼成佈告，應該在和小朋友日常接觸中，教導他們愛乾淨，說國語……他於是離開學校，開始在電台、廣告公司工作，也賣過飯包，投稿到《文學》季刊，聲名大噪，卻沒稿費，後來受到林海音鼓勵，開始寫短篇小說。

「那段時間很苦嗎？」

「大家一樣苦，我不特別。」他很持平。

那麼，他如今回到宜蘭，做的也是和兒童相關的戲劇，是不是圓了當年的夢？我們還沒問出來，他說：

「兒童是未來的主人翁，應該有他們的文學、戲劇、繪畫、音樂，他們實際上有的非常少。」

也許是黃春明忘不掉童年，或第一個工作時，曾看過無數童年，更也許經由歲月淘洗，更了解教育這回事，無論如何，現在勤勤懇懇為兒童工作，是一步一腳印的。

他是知名作家，要去美國講學，要參加中正大學舉辦的「黃春明國際研討會」以及佛光大學為期一週的「黃春明週」。對他來說，念茲在茲的是兒童，透過黃大魚兒童劇團製作的戲，讓孩子們認識了他們該有的文學、音樂、舞蹈，繪畫，這就是戲劇深廣的內涵呀。

想起黃春明的近作〈有一隻懷錶〉，這樣寫：

小明對這一隻懷錶最感興趣的是，那一根特別細長的秒針，它走動起來，一秒一頓，一秒一頓，很像軍人踢正步，煞有精神得很。將他移近耳朵去聽更妙，好像踢正步的軍人，是穿著擦得亮亮的馬靴，如果把蓋子闔起來聽的話，那更有趣；這時所聽到的聲音是遠了一點，但是聽起來卻像是一隊穿馬靴的軍人，刷！刷！刷地踢著正步。小明常常把闔上蓋子的懷錶貼在一邊的耳朵，一邊甩另一隻手，隨著一隊軍人踢正步。

除了誠心說故事，閱讀小說，以腳讀地理，他是怎樣維持孩童般的想像力，應該有一個答案。

假如我們說，是天賦，大多數人會傷心嗎？是否會想，上帝有沒有給我這樣的天賦？黃春明寫小說，寫劇本，寫童話，演講，編刊物，這麼多工作都需要想像力。

他沒說想像力該怎樣培養、維持，也許我們再從一篇文章裡找出一點蛛絲馬跡，看看黃春明的想像力和什麼連結？想必，吳敏顯一篇借老樟樹看作家的文章裡，能找出答案。

在吳敏顯〈小說家與老樟樹〉裡，老樟樹看著小說家炒米粉、燉雞湯、看書、寫小說、畫油畫、水墨、漫畫，撕畫，養赤尾青竹絲、養蜥蜴、養烏龜、幫牠們取名字，表演歌仔戲、採大把野薑花……。

小說家就是黃春明，吳敏顯以擬人方式，和老樟樹成了「命運共同體」。

這個下午，我找到了一個答案，或許說，找到一個理由。

葉金川

成功來自永不止息的鬥志

堅持社會公義的鬥士—葉金川

作家／楊倩蓉

活到老，也要鬥志十足，而且一輩子一定要做一件正確的事。——葉金川

衛生署長葉金川今年五十八歲，對於人生他規劃了九十九個夢想，希望在有生之年完成它。

他的第一個夢想是六十歲之前攀登百岳，這是他大學時代開始培養的嗜好，已經攀登過八十八座高山紀錄的葉金川，因為再度臨危受命接

任衛生署長而公務纏身，他無奈笑著說：「可惜這個夢想可能無法完成了。」

雖然爬不了山，他還夢想自己有一天能夠親手烤出一片麵包，或是用鋼琴彈奏一首曲子，這些夢想在別人眼中或許平淡無奇，但是葉金川卻始終保持高度熱情希望有一天完成它們，他說：「我不羨慕有錢卻懶惰的人，但是我欣賞對生活有目標有鬥志的人。」甫過世的台塑大家長王永慶正是葉金川心目中極有鬥志的企業家，他說：「王永慶的成功不是有錢，他的成功是有鬥志。」

其實，葉金川本人便是一個極有鬥志的鐵漢，外界給他很多封號，從「抗煞英雄」、「醫界的鐵漢」，到「救火員」，都是因為佩服他不畏艱難的鬥志。葉金川在慈濟大學教書時，常常跟學生說：「一個年輕人要有創意，要有活力，如旭日東昇；到了中年以後，以事業、健康為重，如日中天；到了老年，要顛覆夕陽的觀念，延續日正當中的心境，去追尋年輕時錯過的夢想。」而他自己的人生，正是以這三個階段為方向，勇敢邁進。

這一生影響他最深的三個人

葉金川成長在台北大橋頭一帶，家裡有八個兄弟姊妹，他排行第七，底下還有一個妹妹。在那個普遍貧困的年代，出生在大家庭的孩子連維持溫飽都有困難了，何況是繼續升學。

但是葉金川從小功課就好，雖然沒錢補習，老師卻決定不收補習費，免費讓他放學後繼續留下來補習；小學畢業時，一位醫師看中這個小孩未來前途大好，希望收養培育他成為一個可造之材，但是葉金川從小就很有骨氣，他跟猶豫不決的母親說，只要努力，沒錢也可以撐過去。

結果，他靠著自己的努力順利考上建中，與馬英九成為同班同學，後來更成為台大醫學系的學生。

台大公衛系陳拱北教授引領他進入公衛領域

個頭不高的葉金川，給外界一般的印象是不善言詞，既害羞又內向，不過，他的大學同學，現任國泰綜合醫院泌尿科主任謝德生吐槽他現在正經八百的模樣，他說大學時期的葉金川，腦筋動得快又調皮，會玩又會唸書。

他的另一個同班同學，後來從葉金川手中接下健保局第二任總經理的賴美淑也說，葉金川從大學時代就是一個帶頭往前衝的人，每次班級一群人去爬山，永遠看到葉金川早就已經翻過另一個山頭。

至於葉金川本人認為，大學時代除了有幸結交一群對醫療奉獻有熱誠的同班同學外，更讓他結識了當時擔任台大公衛系教授陳拱北。

葉金川說：「這輩子影響我最深的人，第一位就是我的老師陳拱北。」葉金川極欣賞有鬥志的人，在他眼中，素有公共衛生之父的陳拱北教授，為了台灣公共衛生所付出的奉獻精神與鬥志，令人敬佩。

所以當陳拱北在課堂中說出：「作公衛，可以一次救很多人。」深受感動的葉金川決定投入當時被視為不賺錢的公共衛生領域，從此跟著陳拱北帶領的醫療服務隊，實際上山下海去協助台灣偏遠地區及山區部落需要醫療照護的人。

山區沒水沒電，交通更不方便，回憶這一段，葉金川說當時他對社會抱持的夢想就是：這個社會一定要有公平正義，每個人生而平等，無論他是住在都市或是偏遠的山區海邊，都應該得到最基本的醫療照護。這個夢想後來被他實踐了，那就是全民健保。

大學畢業後，葉金川毫不猶豫進入台大公衛研究所唸書，打算畢業後從事教職。從事教職一直是葉金川多年以來的心願，不過這個心願，似乎總是跟他背道而馳。

當時他申請教職並不順遂，反而以第一名優先錄取成績申請到台大醫院內科，但是陳拱北教授卻大力推薦具有高考資格的葉金川進入衛生署工作。葉金川說，其實當時他跟大部分的醫師一樣，都喜歡待在單純研究或是教學的工作環境裡，不願意從事複雜的行政工作，但是因為不忍忤逆老師的好意，結果誤打誤撞進入行政領域，遇到第二位影響他至深的人，即後來的衛生署長許子秋。

衛生署長許子秋帶頭讓他學習行政經驗

葉金川進入衛生署一年後申請到公費，便到美國哈佛大學攻讀公共衛生博士，博士學位還沒念完，就被新上任的衛生署長許子秋延攬回國接任衛生署醫政處副處長。葉金川二話不說就回國，很多人對於他放棄哈佛名校學位感到難以置信，但是在葉金川看來是一個簡單的決定，既然他是拿公費出國留學，那麼國家需要他的時候，當然就義不容辭接受徵召，這種作人處事態度後來更多次表現在臨危受命的任務上。

葉金川向來佩服做事有鬥志的人，他在許子秋身上看到身為領導者如何在行政上大力推行重要計畫的堅定鬥志。

當時，葉金川才三十二歲，是衛生署內最年輕的處長，因為跟隨許子秋學習如何推展醫療業務，奠定了嫻熟的行政經驗，從規劃台灣醫療網到設置全體醫療執業中心等，這些計畫的推行其實都是葉金川希望實踐社會公平正義的夢想基礎；葉金川說，因為許子秋信任下屬，所以放手給年輕人去做，特別是醫療網。他並且說，很多人都不知道全省醫療網的建構，其實就是在幫全民健保做好暖身準備，因為「全國各地都有醫院與醫師，全民健保才能落實。」

董氏基金會創辦人嚴道的鬥志讓他佩服

已過世的董氏基金會創辦人嚴道晚年推行反菸運動的熱誠，是影響葉金川第三位的人，也是一位極有鬥志的長者。葉金川當年從全民健保總經理職位離開後，除了回到校園教書，正是嚴道老先生安排他進入公益團體服務，擔任董氏基金會執行長。

談起這位當年原本是律師的嚴道，他很佩服地說，早年嚴道因為協助一位香港華僑在台灣打贏官司，這場官司關係到一筆數百億的金錢，官司打贏後，這位華僑想要重金感謝嚴道的功勞，結果嚴道跟他說，不如捐出一億台幣出來幫他成立董氏基金會，他打算在台灣推動反菸運動。

葉金川很稱讚這位老先生的鬥志，因為早年嚴道抽煙極兇因此得了肺癌，沒想到開刀後居然康復，所以他在六十五歲的時候成立了董氏基金會，很辛苦地在台灣一點一滴建立起無菸害環境，直到去世。

「你看他到老了還是這麼有鬥志，他對我的影響就是活到老，也要鬥志十足，而且一輩子一定要做一件正確的事。」葉金川說。

這三位影響葉金川在人生道路上頗深的長者，葉金川後來都透過書籍出版，忠實紀錄了他們堅守崗位與築夢的精神，希望讓更多人看到。

臨危受命的背後：路見不平、拔刀相助的性格

有人問葉金川，馬英九是不是影響他的人，葉金川笑著說，馬英九跟他的關係比較像是朋友情誼，所以需要幫忙的時候他會跳下來幫忙，但

是他幫忙的動機也不是為了老同學，而是這些臨危受命的任務都很有挑戰性，是能夠幫助社會大眾的事，所以能激起他的鬥志。

從十幾年前推動全民健保開始，到後來陸續臨危受命接任台北市衛生局長、SARS期間自願進入和平醫院指揮成為大家眼中的「抗煞英雄」、後來又接任台北市副市長，以及不久前因為三聚氰胺引起的毒牛奶事件造成衛生署長林芳郁請辭，葉金川再度臨危受命擔任衛生署署長。葉金川義不容辭接受這些任務的背後，其實正是從小到大路見不平，拔刀相助的個性使然。

「全民健保是我自己的夢想。」葉金川說。

為了實現從大學時代就開始醞釀的夢想，葉金川自願從當時十四職等的副署長，降格為十二職等的健保局籌備處處長，挑起台灣五十年來首次巨大社會工程的重擔，在健保開辦之前，整整度過艱鉅重重的一年。

建立一個制度從來就不是一件容易的事，更何況全民健保的推動還牽涉到民間利益團體的施壓與來自立法院及行政院的人事關說，但是把全民健保做好是葉金川長久以來的夢想，為了堅持品質，他堅持不買任何人的帳，就算受到脅迫也絲毫不妥協。

「那時我想，這輩子只要作對一件事就好了，就算工作沒了也無所謂。」為了夢想，葉金川就這樣咬牙撐過一年的籌備期。

民國八十四年三月一日，全民健保順利上路，三年後，眼見健保局穩定成長，為全民健保幾乎鞠躬盡瘁的葉金川感到累了，便自動請辭全民健保總經理位置，打算離開二十年的公務員生涯，重新去過自己想要的生活。

沒想到離開健保局兩年後，當時擔任台北市長的馬英九請他擔任台北市衛生局長，分擔醫療衛生工作，葉金川本來意願不高，最終還是覺得可以為台北市民的醫療衛生作一點事而點頭答應幫忙兩年，兩年後，他再度重回校園教書生活。

結果，二〇〇三年SARS（嚴重呼吸道症候群）肆虐，國內醫療體系大亂，台北市和平醫院發生院內醫護人員集體感染狀況而遭封院，造成醫護人員人心惶惶，葉金川跳出來自願進入和平醫院擔任義工，協助指揮院內醫護人員抗煞，成為大家心目中的「抗煞英雄」。葉金川說他也很怕被感染，但是「總是要有人出來解決」。

不過，葉金川這次因為毒牛奶事件再度擔任公職，他笑說自己失算了，「我本來以為毒牛奶事件會造成嚴重社會問題，所以才會願意出來，結果跟健保與SARS相比，它的健康議題與風險都很低，頂多兩個禮拜就可以解決問題，反而是政治干預比過去嚴重。」這是他對台灣社會的隱憂，政治造成的對立把台灣人過去溫良勤奮的特質掩蓋住了，他擔憂地說：「不成熟的民主也可能是一個國家的不幸。」

堅持社會公義理想的葉金川，總是會在重大關頭展現不凡的鬥志，即使面對的是艱鉅的挑戰，但是葉金川每次成功達成目標的背後，正是正義感使然。不過，在職場上他雖是一個勇氣十足的鬥士，他卻是三個兒子眼中溫柔的好爸爸。葉金川說他從來沒有用言語去教育兒子做人處事的方向，一方面是因為自己長久以來忙於公務，另一方面，他用身教來說明一切。

九十九個尚等待他完成的夢想

其實，葉金川長久以來最大的興趣就是教書，只不過誤打誤撞投入公職生涯二十年。他說到目前為止，很多工作都是別人找上他，只有一件事是他自己主動請求的，那就是擔任慈濟大學的教職。

「我很會唸書也很會教書。」葉金川信心滿滿地說，所以當他請辭健保局總經理後，他就拜託當時擔任慈濟大學校長的李明亮讓他教書，前後在慈濟大學教書四年。

四年的教書生涯讓他得以從繁忙的公職生涯中解放，酷愛戶外運動的葉金川，每天五點起床出外運動，八點再回來準備到校上課。有人說，這是他準備重回政壇的沉潛歲月，但是葉金川從來都沒有主動打算回政壇，花蓮的教書生涯加上好山好水是他自己想過的理想生活，只不過多次從教書生涯中臨時被借調擔任公職，他說他不好意思再耽誤到學生課業，加上如果要成為教育部認可的正式教授，已經進入中年的他不想再過寫論文與研究的生活，所以才放棄了教職。

但是繼續擔任公職也非他所願，他的人生還有九十九個夢想等待他完成，除了攀登百岳、烤麵包與彈奏鋼琴等較輕鬆的夢想外，嚴肅的夢想也不少；像是他夢想有一天能夠到大陸醫療最落後的地方—貴州，在小的鄉鎮裡建立醫療社區，但是因為太忙，他只好寫了一個醫療計畫書由亞洲大學一位教授代替他前往。

他也希望把台灣全民健保經驗推廣到全世界去，即使健保現在仍有諸多問題待解決，但是葉金川說，台灣全民健保最方便、最便宜，醫療品質也還可以接受，從國外的角度來看，其實它是中華民國最珍貴的社會資產，也是其他國家夢寐以求的目標。

葉金川追求社會公義的鬥志從來沒有止息過，他的理想也不僅限於台灣，他還有一個遠大的夢，那就是有一天台灣也能參加世界衛生組織，去幫助這個世界上需要醫療協助的國家。

香奈兒的愛與堅持

小說家／蔡素芬

凱菲爾說的「所有的逆境都是機會」一點也沒錯。——蔡素芬

五〇年代美國當紅性感影星瑪麗蓮夢露被詢問晚上穿什麼睡覺，她說，香奈兒五號。這支於一九二一年推出的香水，披在性感尤物身上，替香奈兒香水增添誘人的性感氣息，香奈兒香水在美國始終保持銷路，還一度成為香奈兒女士（Gabrielle Chanel,1883-1971）退出時尚界後的主要經濟收入。

至今，經典的香奈兒五號和香奈兒女士的傳奇緊緊相連，白底黑字

的包裝沿用產品推出時的素樸模樣，那是香奈兒女士竄起時裝界的最初信念，簡單樸實，自然沒有負擔。就像香水的命名也只因為那是調香師調製的第五號香水，她就簡單的以序號為香水命名，反而成為當時很特立的模式，造成深刻印象，廣受喜愛。

從她的時代看來，簡單是相對於當時服飾的複雜而對映的一個概念，當時的女性穿馬甲束細腰，長裙曳地，帽飾繁麗，香奈兒女士質疑女性為何要受到衣服的束縛，她以行動自由、線條簡單、適合活動的原則為女性設計衣服，是第一個讓女性穿褲裝的設計師，使女性的服飾從層次繁複的束腹長裙，進展成形式簡單的時裝，從二〇年代起，帶起一股時裝革命。到二次大戰，她中斷時裝事業十五年，於七十歲，設計界山頭林立時，東山再起，締造香奈兒的復甦，而有今日香奈兒頂尖的時尚地位，香奈兒女士不服輸，勇於挑戰的精神，為自己創造一則傳奇。

七十歲，她身邊的親人愛人一一離世，她卻還能重新打亮招牌，加入時裝戰局，不得不令人好奇這是一位怎樣的老太太，這個女人一生為了什麼奮鬥。

年輕的香奈兒，穿著自己設計的黑洋裝，頸間戴著金屬與珠寶串連的項鍊，手刁香菸，手腕托住頭部，嘴角微翹，眼神堅定的凝視前方，這位已名傾一時的設計師或許凝視著她童年的不幸，凝視著她人生的匱乏，凝視著她更成功騰達的道路。

香奈兒十一歲時，母親因染肺結核去世，父親無力扶養她們三姐妹，就把她和姐姐送到孤兒院，把妹妹送到親戚家。從此，香奈兒未再見過父親，這段被遺棄、住在孤兒院裡的經驗成為她一生的痛，她想要飛黃騰達，想有錢，想活得像個尊貴的人。她過得不快樂，容易憤怒，她強烈的主觀意見和旁人格格不入。

從十八歲離開孤兒院，香奈兒就迫不及待要開展自己的人生夢想，她一邊在裁縫店工作，一邊到聚集軍人的咖啡廳當舞孃，她以為唱歌可以讓自己功成名就，一心想以歌聲成名，可惜聲音不好，只能在舞台上伴舞唱幾句，也找不到更好的機會。在山窮水盡之際，她碰上她的第一個戀人艾迪安（Étienne Balsan）。

香奈兒一生的成功，除了自己好勝爭強的個性，也得益於愛人們的幫助，她曾說「女人若沒有愛，死後也不能留下什麼」，話語裡有愛情與事業相輔並行的複雜成因。嗜好養馬與交友的艾迪安能夠提供她無虞的生活，卻無法了解她想靠自己冒出頭的決心。她從姑姑那裡學來的製作帽子技術，再加上自己的創意，製作出造型簡約樸素的帽子，受到朋友喜愛，紛紛鼓勵她開店創業。艾迪安為了不想讓人家以為他養不起女友而強力反對，雖然最終屈服於朋友的遊說，讓出他過去和女友們相聚的公寓給香奈兒開帽子店，但那公寓區是許多有錢人養情婦的地方，不方便貴婦上門，香奈兒想另找地方開店，艾迪安不願投資，也不願看到她忙於自己的事業，兩人因此決裂分手。此時，他們共同的朋友凱菲爾（Arthur Boy Capel）適時伸出援手，他欣賞香奈兒的才華和好奇心，他和香奈兒之間流蕩相投的氣息，她在他眼中捕捉到認同的眼神，她沉醉在那眼神之下，凱菲爾願意投資她的事業，投資她的愛情。她拎起行李，走出艾迪安的家，走入凱菲爾為她築起的事業大道。

若沒有遇到凱菲爾，是否會有日後的香奈兒時尚？或許她會遇上另一個男人，展開事業大夢，或許她一直遇到像艾迪安那樣只希望女人被寵養在家裡的男人。但可以肯定的是，不會有事業的起點「康朋街二十一號」（21 Rue Cambon）。那是凱菲爾幫她找到的店面，他不但是她的新情人、也是她資金的保證人、最佳的事業建言人，連店面都替她找好，她為店面命名「香奈兒時尚」，朋友都覺得太簡單，當時巴黎的時尚精品店大多以經營者的姓氏和名字命名，香奈兒只以姓命名，感覺好像少了點什麼，朋友甚至建議她，也許可以考慮把她在咖啡廳唱歌跳舞時的小名Coco也加上去，但凱菲爾力挺她，凱菲爾說，本來就是賣簡單樸素的東西，那個命名就可以了。凱菲爾的支持，等於共同和香奈兒奠下這個名牌的形象，起源自康朋街二十一號，走簡單樸素的設計風。

凱菲爾是私生子，以父親留給他的煤礦發跡，私生子的身分是他的隱痛，他想躋身上流社會，他努力工作，為自己規劃事業藍圖，他看見和他一樣想脫離孤兒身分，開展自己人生的香奈兒眼裡流露的野心。兩個流著同樣力爭上游企圖心的戀人一拍即合，他引領她閱讀、教她認識東方宗教的神秘世界，教她經濟和財務知識，他指出香奈兒對時尚的興趣和看法正是她的未來，引導她開發出自己的野心，還要她永遠記得自己是位女性。香奈兒在日後回憶時，說，凱菲爾是她的父親、她的兄弟、她的家庭，是她的全部，是他塑造了她。

「香奈兒時尚」原本只賣帽子，因為替朋友做了可搭配她設計的帽子的衣服，凱菲爾便鼓勵她，是否也把那樣的衣服和她平常穿的衣服擺在店裡賣看看，香奈兒裹足不前，她怕一旦失敗，會拉垮原已建立起來的帽子事業，她也怕失去凱菲爾的愛情，在滿心焦慮徬徨之際，凱菲爾帶她去有名的度假區多維爾（Deauville）度假，重振她的野心和勇氣。在多維爾，他再次鼓勵她，可以設計去掉束腹馬甲的休閒服在這區販賣，度假的人一定會喜歡穿沒有拘束的衣服，他願意提供資金讓她在此開店。香奈兒擁抱凱菲爾，不只因為他的點子，還因為凱菲爾為了把她送往時尚世界，為她出錢投資，用愛提振她的信心。這趟旅程，她擁有了第二家店，開始設計衣服，她以寬鬆的上衣、腰身不緊繃的裙子，輕盈的鞋子等休閒服飾出擊，一反當時的穿著鐵律，開啟香奈兒的服飾革命，將女人的裙子改短，衣服變鬆，行動變自由，解放了習於被束腹馬甲緊緊勒住的女人。

人們推崇香奈兒是女性運動的領導者，香奈兒則是認為自己只是忠實於自己的想法。而這想法，最大的推手是凱菲爾的疼愛和鼓勵，他是她的策士，替她做行銷謀略，讓貴婦人來到她的店，又利用貴婦人的互相推薦及有名演員的光顧，創造香奈兒服飾流行風潮。凱菲爾堅持，要在多維爾成功，才能在巴黎造成流行，才能使香奈兒服飾得到壓倒性的勝利。

一九一四年，一次大戰爆發，凱菲爾得上戰場，臨行前他交代香奈兒繼續經營事業，要她謹記「所有的逆境都是機會」，並要她反覆背誦，還送了她一部巨大的自動針織機，他認為針織品有柔軟特性，他要她利用這針織機嘗試做出特別的衣服，他從戰場回來時，要看她的作品。

愛人的愛和引導，支持她堅強的經營事業，等待愛人歸來。凱菲爾說的「所有的逆境都是機會」一點也沒錯，戰時由於物資缺乏和人力缺乏，人們不想在服飾上費事，反而想穿輕鬆好行動的衣服，香奈兒推出針織布製作的衣服，銷路奇佳，一部針織機已不夠使用，裁縫師也不夠，香奈兒此時擴展規模，跟工廠簽約生產，以應付大量訂單。

從戰場回來的凱菲爾眼見她的成功，要她到法國西南部的比亞里茲開第三家店，專攻高級女性時裝，那兒是上流社會的避寒勝地。他替她準備好資金，她沒有不答應的理由，但她更想和他結婚，在當時社會，結婚得由男性提出，她羞於啟口，這時候她只想擁有凱菲爾，不在乎事業，凱菲爾卻再一次告訴她，她當初離開艾迪安就是為了發揮自己，成為特別的人，他要她和他一起再打拼，為了爭取社會地位而努力工作。但她沒想到的是，在她陷身於三家店面，擁有三百名員工的忙碌工作中，力爭開出幸福的道路，和凱菲爾共同走向結婚禮堂時，活躍於政治圈的凱菲爾帶回來的訊息卻是，他要結婚了，對象是在野戰醫院認識的一名有力的英國貴族千金，為了擁有社會身分和權力，他必須加入名門，必須與貴族千金結婚，但他愛她，他不想離開她，他要她和他維持原來的關係。

香奈兒痛徹心扉，她痛恨他，也痛恨自己離不開他，她搬離兩人的公寓，住到湖邊別墅療傷，這時是一九一八年，她三十五歲，已是打響名號的時裝設計師，擁有地位與財富，但她失去了愛。即使凱菲爾婚後來過她的別墅幾次，她一如往常迎接他，但她心裡愛恨糾葛，深深感到被遺棄，失去尊嚴，可她得忍耐，因為她仍然深愛他。

喜歡讀小說的香奈兒，不能相信自己的人生竟然彷如一部曲折的小說，一九一九年，凱菲爾陪家人去坎城度聖誕節，凱菲爾說，過年時來看她，但凱菲爾卻在坎城車禍身亡。這個指引她，借她錢，建立她事業基礎的男人，一瞬間從人間蒸發。所有她的親人都去世了，連凱菲爾也走了，香奈兒剩下自己一人，她把自己關在幽暗的房間裡，與一堆黑色的窗簾床單地毯為伍。

朋友的鼓勵和自己的好勝心，讓她走出傷痛，為了地位和身分，為了讓上流社會拜倒在她面前，她得維持事業。她的交際手腕和她堅持的時尚理念，使她在失去凱菲爾後，仍能自己撐起一片天，她始終記得凱菲爾說的，逆境都是機會，她當初和凱菲爾就是為了身分地位和理念而奮鬥，她始終還是那個喜歡創作時裝、設計服飾的人。往後她的情人們也帶給她源源不絕的創作靈感，和俄國貴族情人狄米崔熱戀時，她的服飾融進刺繡與毛皮的俄羅斯風情，在一九二一年開發出五號和二十二號香水後，熱賣的情況讓她另立香水公司，同時，她把位於康朋街二十一號的總店遷移到三十一號，從此「康朋街三十一號」成為香奈兒時尚重要的地標。愛情點燃她的創意，狄米崔給她看一條充滿拜占廷風格的十字架墜飾後，她萌動靈感，試著把天然寶石和人工珠寶結合，取得好評後，她開始在店裡銷售珠寶飾品，又因體會到繁複的飾品必須以簡單的服飾襯托，因而設計了歷久不衰的香奈兒經典黑色小洋裝。

香奈兒事業成功，資助藝術家，提供藝術家交流的場所，一方面排遣孤寂，一方面尋找靈感；幾次無法以結婚收場的戀情都激發她更努力工作，她是不妥協的人，不跟自己的命運低頭，她有理念，她得實現對時尚的看法。

二次大戰前，法國的罷工潮流影響香奈兒的生產線和服飾發表，她為了維持尊嚴，結束所有服飾店，只保留香水和飾品銷售。這時她已五十幾歲，她從時尚圈消失，隱身瑞士，與小她十三歲的情人住在旅館裡，過著平靜自由的時光。

十五年平穩的生活，不是她的生活方式，她的內在感到空虛，她要戰鬥，不斷的工作，提倡自己的信念。她重回巴黎，站在名牌服飾店前，看到過去她排斥的那種束腰款式展示在櫥窗裡，她感到憤怒不能忍受，她得回來提倡她的簡約時尚，她要世界承認她的價值。

雖然七十歲的復出發表會，被巴黎時尚界評為「前一個世代的幽靈服裝發表會」「被流行淘汰的香奈兒」，但香奈兒相信她的服飾價值，她力排眾議，要繼續舉行服裝發表會，結果第二次還來不及舉行，她的服飾在美國大賣。此時的美國，大量的女性進入就業市場，她們尋找容易穿著，行動方便，又能彰顯社會地位的服飾，香奈兒服飾成為她們的上選。

從美國紅回巴黎，巴黎時尚不得不轉個方向看待她，把她捧上重要地位，記者問她如何將某名牌的新流行趨勢延續成香奈兒趨勢時，她說她創造的不是什麼流行，而是香奈兒風格，她說「流行不斷推陳出新，唯有風格歷久彌新」。

八十七歲的人生，香奈兒不與自己妥協，即使所愛死亡，都不能阻斷她的奮鬥，或許在心中，她也把凱菲爾求取成功的精神和鼓勵延續成生活下去的力量，在她晚年的回憶裡，她的任何情人都無法超越凱菲爾。她說「女人若沒有愛，死後也不能留下什麼」，耐人尋味。她的成功，得力於凱菲爾，得力於幾個情人的激發，在有激情有失望的愛情裡，香奈兒活得像她自己，她創造香奈兒時尚，也創造香奈兒女士。

心繫故鄉
──小提琴家胡乃元

作家／盧家珍

小提琴最難的部分，就是初學時試著拿弓在弦上拉這個階段，……就是俗稱的殺雞聲，而良好的拉琴習慣，也是在此時開始培養。──胡乃元

生於台南的小提琴家胡乃元，對古典音樂的興趣是源自他的家庭，因為父母都是忠實的古典樂迷，父親胡鑫麟甚至還在醫務忙碌中，以無師自通的方式學習大提琴。當時台南有許多家庭和胡乃元家一樣，父親

都是醫生，小孩子對音樂頗有天分，時常相約一起去聽音樂會。

有一次，小提琴家李淑德在台南舉辦一場音樂會，剛回國的她，帶領著一群學生上台拉小提琴，看起來好不威風，而她所組的三B兒童弦樂團也受到大家的矚目，因此當父母問胡乃元想不想學琴時，才五歲大的胡乃元不假思索地回答：「好！」起初父母認為鋼琴和小提琴兩樣都學比較妥當，不過後來胡乃元看了伊莉莎白泰勒主演的電影《狂想曲》，劇中泰勒愛上小提琴手，配樂是柴可夫斯基的小提琴協奏曲，他覺得超好聽，夢想自己有一天也拉出這麼美的音樂，所以最後便選擇了小提琴，沒想到竟然成為終身伴侶。

嚴格的習琴過程

胡乃元的小提琴啟蒙老師是小提琴家蘇正途的叔叔蘇德潛，習琴一年後，便在親友的慫恿下，轉而向以嚴厲出名的李淑德老師求教，雖然小胡乃元曾經聽過李老師帶領學生演奏，令他相當欽慕佩服，然而一想到老師生氣的模樣，還是教他頭皮發麻。傳說李淑德老師教學非常嚴格，而且脾氣不好，家長們在送孩子上課後，都會在李老師的窗口下等待，等什麼呢？起初等著接李老師從窗口丟出來的樂譜，接下來等著接李老師丟出來的小提琴，最後要接的可能是自己的孩子了！

胡乃元硬著頭皮去上課，後來卻慢慢發現，李老師之所以這麼嚴厲，是為了要培養出人頭地的學生。李淑德對胡乃元的印象也非常深刻，當時胡乃元是年紀最小的學生，平時不太講話，但對於音樂的掌握卻十分精準，當然，胡乃元也從未被丟出窗外過。

在李老師的學生中，胡乃元也自認是最乖巧的，從來不惹麻煩，練習時間也從十五分鐘延長為半小時，但是小孩子畢竟是小孩子，一九六〇年代，正是紅葉少棒隊崛起的時候，街頭巷尾、老老少少，沒有一個人不在談棒球的，胡乃元也和鄰居小孩一樣，每天拿著紅藍相間的皮球和一根棍子，就這麼打起「棒球」來，但是胡乃元一定會在約定的時間乖乖回家，否則若是玩昏頭而疏於練琴的話，父親可是會把小提琴賣掉以示懲罰呢！

發現志向

四年後，胡乃元北上向德國音樂教授尼克西及指揮陳秋盛習琴，這段學程相當辛苦，不到十歲的胡乃元，時常獨自一人坐火車從台南到台北，唯一的娛樂就是欣賞車窗外的風景。後來陳秋盛建議胡乃元前往維也納進修，不過此時胡乃元卻在赴美探親時，被耶魯大學教授發掘，因而將留學的行程改為美國，此時胡乃元才十一歲。

胡乃元的父親曾在一九五〇年白色恐怖時期，被抓進綠島坐牢十年，其後，為免子女受牽連，所以陸續把子女送出國外，一九七二年送胡乃元赴美深造，胡乃元提前出國，雖然與其音樂天分過人相關，但父親擔心政治迫害的陰影也占了很大因素。胡乃元回憶：「父親晚年才告訴我，那是他送我出國的原因之一。我的第一把琴，還是父親委託綠島難友以手工打造的。我小時候看到父母親偶爾批評政治的時候，講話很小聲，就好像牆壁裡裝了竊聽器一樣。爸爸的診所在樓下，有時上樓看他臉色蒼白，我就知道有特務來找麻煩了。」無論如何，十歲出頭的胡乃元，被迫提早經歷孤單的藝術家生活。

胡乃元在美國讀的是一般中小學，並不是所謂的音樂班，做過化學實驗、解剖過青蛙，課餘才跟老師學琴，並到耶魯大學參加「大師班」，和大學生及研究生一起玩音樂。在寄宿的耶魯大學教授家裡，在那個越洋電話還十分昂貴且不普及的年代。他一次次收到遠自太平洋彼端寄來的信，發信的地址是：台灣，台南。

原來，這是遠在台南當眼科醫師的父親，透過文字，穿越千山萬水的空間距離，對他羽翼未豐卻已遠颺異鄉的孩子，進行他未完成的家庭教育。就這樣，一個月兩三封，父親在信上，殷殷切切地闡明說些學習知識的態度，以及做人處事的道理，信中閃動著理想主義的光芒和讀書人的嚴謹，還有濃濃的父愛。

胡乃元是家中的獨子，母親又是台南的望族，她一直希望兒子能繼承父親的醫業，當初讓兒子學琴只是想培養他的嗜好，並不想讓他走向音樂家之路，因為音樂家總是有一餐沒一餐的，不像個正當職業。

而胡乃元在高中之前，確實也不認為自己會走上音樂家的路，直到他發現自己對音樂的喜愛一日比一日強烈，十六歲那年，他決定要當一個音樂家，到了廿一歲時，他更堅定自己要當一個小提琴演奏家，並以階梯式的目標，一步一腳印地實現夢想。

在美國印第安那大學就讀時，胡乃元受教於恩師金戈爾門下，他的鼓勵讓胡乃元在樂曲詮釋上有很大的進步，並且支持他遠征比利時，參加國際知名的伊利沙白小提琴大賽，那年的大賽評審都是一時之選，包括曼紐因、基東·克萊曼、辛諾夫斯基及北京音樂院院長謝霖，當時大家一致看好大陸小提琴家胡坤，不過最後胡乃元卻以難度最高的「艾爾加小提琴協奏曲」奪得冠軍，胡乃元也因此一夕成名。

得獎後，胡乃元活躍於世界樂壇，著名的《史特拉（Strad）音樂雜誌》讚譽「胡乃元是位卓越的小提琴家」，並形容他的演奏有如「貴族般之優雅」。一九九五年，胡乃元與西雅圖交響樂團及指揮傑拉·史瓦茲合作，錄製了哥德馬克和布魯赫的第二號小提琴協奏曲，獲得全球古典音樂評論權威《企鵝指南》「三星帶花」的殊榮。此後，胡乃元曾多次與多倫多交響樂團、荷蘭及鹿特丹愛樂、比利時國際樂團、法國里耳國家樂團、以色列海法交響樂團、奧匈海頓室內樂團、東京愛樂及海德堡交響樂團合作演出。

愛音樂才是最重要的初衷

胡乃元始終認為，學音樂的人一定要熱愛音樂，這是驅策自己進步的原動力，現在台灣的孩子在升學競爭下，只留心學科是否科科一百分，術科技巧是否達到標準，已經忘記學音樂的初衷。

「小提琴最難的部分，就是初學時試著拿弓在弦上拉這個階段，此時發出的聲音，就是俗稱的殺雞聲，而良好的拉琴習慣，也是在此時開始培養。」胡乃元常對自己的學生說：「練琴最重要的事，就是要聽聽自己的琴音。」也許有人覺得這是廢話，但胡乃元最在意的其實是「有聽沒有到」的態度。胡乃元對自己的琴音非常講究，小時候，他發現自己在拉小提琴時，別人聽到的琴音和自己聽到的並不完全相同，他便把琴音錄下來，訓練自己對琴音愈來愈敏感，使自己拉出來的琴音能盡善盡美。

自己當年是頂著天才兒童的頭銜出國，胡乃元認為，所謂音樂天才兒童，指的不是技巧過人，而是會聽自己的樂音，並且具有自我分析的能力，有時雖然需要老師提醒，但大部分是靠自己的直覺，這份直覺即是來自對音樂的喜好，讓自己能夠朝著「美」的方向前進。現在國際樂壇中有許多天才兒童，他們多半有著超凡的技巧，但是在風格建立上卻相當貧乏，缺少自我省思的能力，尤其父母都是天才兒童的情況更嚴重，他們忘了，聆賞音樂的愉悅才是演奏音樂的根本。

胡乃元說，台灣早期沒有好的演奏廳，唱片多是音質不佳的盜版貨，一旦有機會聽到大師級的演奏，無不心生嚮往，想苦練與之看齊。現在台灣的音樂環境好太多，學生可輕易聽到頂尖演奏，即使有機會面對大師，但音樂對他們的意義已是辛苦多於夢想。

他觀察台灣一些音樂班，覺得家長太積極，加上升學壓力，讓很多音樂班的競爭激烈到令人覺得很恐怖。例如，有家長為了個人好惡，想盡辦法要音樂班換老師；甚至到了比賽前一天，還押著孩子上課惡補，無非希望孩子成名，上最好的音樂班，考上最好的大學音樂系，畢業後找到賺最多錢的工作，卻忘了「音樂家是要為音樂服務，而非為了薪水工作」。

由於金戈爾的指導，使得胡乃元深深感受到選擇老師的重要，他十分擔心台灣音樂班學生家長的一些不良心態，例如為了升學因素而枉顧孩子興趣，硬是把孩子往音樂班送；就算孩子出國留學，也不是以選擇老師為第一考量，而是以選擇名校為主，如茱莉亞音樂院、寇蒂斯音樂院等，這種排名心態非常要不得，也令胡乃元非常憂心。

挑戰自我　心繫故鄉

胡乃元居住於紐約，仍十分關心台灣動態，實與熱愛生命的父親有關。胡乃元表示，父親的遭遇的確讓自己轉向思考兩岸歷史人文，從魯迅、沈從文等中國大陸近代文學家筆下，近距離觀察歷史，這個轉變也因此讓胡乃元始終冷靜客觀地用音樂直接詮釋作品。

二〇〇四年底，胡乃元號召一群華裔音樂家成立「Taiwan Connection」，在大學校園、音樂廳推廣室內樂。他以冷笑話、僵硬的肢體語言訴說古典音樂的迷人之處，不過觀眾沒被嚇跑，而且場面「愈冷愈開花」，接下來每年的年底，他都是興沖沖回來。胡乃元在樂壇「做自己」的風格，似乎得到了某種情境上的「平反」，他很雀躍。

從小就喜歡看《西遊記》的胡乃元，孫悟空的叛逆大膽，對他有一種莫名的吸引力，「他的叛逆不完全是反叛，而是追求某種獨立吧。」在一般人的印象中，胡乃元是內斂、敏感、溫文儒雅的，但讓人想像不到的是，他講的笑話，也曾逗得小提琴家史坦笑到臉色發紫！「我欣賞的音樂家，他們在表演時通常是要把觀眾拉到自己身上，而不是把音樂『放』出去給觀眾。」

骨子裡叛逆的胡乃元，竟然選了一向不受國內重視的室內樂作為挑戰，率領一群台灣音樂菁英投入「Taiwan Connection」音樂節，連續三年在台灣有了精彩呈現。這些長年旅居國外接受正規音樂教育的台灣年輕音樂家，終於在故鄉達成一個夢想，用心詮釋出最上層的古典音樂情懷。

胡乃元認為，在一般人印象中，古典音樂演出場地總在國家音樂廳，因此是高高在上，遙不可及。「對於古典樂曲高和寡的形象，我認為要透過當代音樂家的詮釋和與台下聽眾互動、交流中，加以破除。對我而言，音樂家不只是個演奏者，更是教育者，在詮釋曲目過程裡，台上表演者除了傳達作曲家精神、情感，和創作歷程外，更要有和聽眾直接對話的可能。」在「Taiwan Connection」活動連結下，音樂家們如鮭魚般返回家鄉、回到「原點」，以室內樂表演形式，走入社會、踏進校園，讓台灣民眾知道，古典樂不是只能在華麗殿堂中，更可以從台上走到台下，遍及鄉鎮、廣布校園。

以往胡乃元拉琴時，總令人感覺他音樂中的從容自若，因為他總能在演奏前，仔細發現新的想法，但這次他扮演著生平頭一遭的「音樂總監」，以室內樂和台灣同胞開啟了第一次的接觸，當大家發覺音樂不再是高高在上，音樂中更是有笑有淚，明年再度啟動音樂「Connection」之時，室內樂會自然呈現各式不同的樣貌，回到屬於古典音樂的「原點」，這是胡乃元最希望看到的成就。

。看法與見解

講看麥—品德與公民教育

（Moral and Civic Education）

國際扶輪中華民國總會理事長／**王博偉**

以個人實務上多年來從事社會公益角度的經驗，試著梳理出道德與公民教育的重要。——王博偉

品德是與人的品行、操守及人格有關的價值。品德生活的核心，便是在日常生活中作價值判斷，行事為人中分辨出是非、對錯、善惡、

好壞；選擇前者，遠離後者，塑造出一個美善的人格。而公民教育則以培養公民意識、提升公民素質、鍛鍊公民政治參與能力為核心的教育活動。簡單的說，道德教育是全人教育，是教育「人」怎樣去作一個人；公民教育則是教育「人」成為國家的公民，甚至為世界的公民。

理論上，品德的內涵包括人的品行、操守及人格有關的價值；公民教育的核心概念，則包括：代議式民主、憲政主義、權利、公民資格、公民社會、市場經濟，以及公共議題等。

所謂品德與公民教育，是以個人實務上多年從事社會公益角度的經驗，試著梳理出品德與公民教育的重要、品德教育的判斷方法及其應具備基本修養、公民教育的淺析與如何落實深化，並分享個人心得。

一、悲劇案例原因是品德問題

一位年輕的中學女生去參加一個盛大的畢業舞會，她早已懷孕了，舞會進行到一半，到廁所去產下了一個嬰兒，丟在附近的垃圾桶裡，若無其事地回去跳舞。最後，當警察來逮捕她的時候，她對所做的事情沒有什麼悔意，在她的世界中，男朋友和跳舞享樂是唯一重要的；至於丟棄自己的孩子，並未感到任何的罪惡感。

此案例讓我們思考一度流行「只要我喜歡，……有什麼不可以」，難道真的可以為所欲為？真的是真理？悲劇之所以會產生，係因為這些年輕人太忽略品德的重要性，沒有罪惡感，沒有什麼道德感。

二、公民意識不足是公民教育的啟示

台灣社會歷經解除戒嚴、國會改革、總統直選、政黨輪替等劇烈變革，帶動了民主氣氛的高漲，民主的發展出現了無限的生機，值得慶幸；但令人憂心的是面對多元文化的群體，民眾公民意識嚴重不足，將會影響台灣民主的向上提升。

公民教育的主要任務之一就是在於教育支持政治制度與社會價值，並且擔負公民的責任，要推動自由民主社會的公民教育，來維持政治社群的穩定。

三、公民教育是當前各國關注的焦點

二十一世紀面臨全球意識的昇高、國家主權的削弱、公民參與的增強、大眾文化的產生與社會正義議題的重視等挑戰，在全球化的趨勢下，對於世界公民的角色、尊重多元文化、學校教育文化的建構，以及多面向的公民教育等相關的核心議題，自然應予重視與討論，尤其公民教育的實施，期使每一個公民都能具備全球公民觀，認知全球公民社會的建立是世界公民的共同責任，以實現一個美好生活的「地球村」遠景。

品德教育的判斷方法及其應具備的基本修養

品德教育的目的，不是要機械地灌輸一些我們所接受的品德判斷給下一代，而是要幫助下一代培養出一個成熟的品德識別力（discernment），讓他們有能力獨立思考，黑白分明，作出正確的品德判斷。

一、品德判斷方法

人與人之間很多品德上的分歧，有時並非因為彼此有不同的品德價值觀，而是因為彼此對已發生的事實或會發生的可能後果，看法不同，要判斷品德上的是或非，必須有成熟的品德識別力，至少包括以下三個重要的能力：

1. 能注意到與品德抉擇有關的所有事實。
2. 能分出那些品德價值抉擇必須考慮到。
3. 能夠按照一個正確的世界觀來抉擇。

㈠蒐集有關所有事實

要作一個正確的品德判斷，首先要蒐集所有事實。例如「判斷死刑在品德上『是與非』案例」——要蒐集考慮所有事實性，諸如：

- 對嚴重罪案帶來多大的阻嚇作用？
- 香港的監獄制度實際上起了多少改進囚犯，使他們洗心革面重新做人的作用？
- 香港在一九九七年七月後，死刑被濫用來消滅政治犯的機會有多高？

・香港法庭以往的裁判錯誤率有多高？殺錯良民的機會有多大？

(二)分辨相干與不相干之事實

要作一個正確的道德判斷，光是蒐集所有事實還不足夠，還需要從這些事實中分辨出什麼是道德上相干的，要充分考慮；什麼是品德上不相干的，可以不理。

例如「香港小姐競選案例」——

陳大姐與劉二姐都去參加香港小姐競選，陳大姐獲得冠軍，劉二姐卻屈居亞軍。事後劉二姐向大會投訴評判不公，因為陳大姐會考英文科不及格，而劉二姐卻在同一考試中成績優良。這種投訴大概不會受理的，因為在裁判心目中，選美並非選才女，會考英文科的優劣不是一個相干的考慮因素。

假設這兩位小姐不是去參加選美，而是去應徵某大公司的行政秘書一職，而且也是陳大姐得到取錄，而劉二姐名落孫山。劉二姐向公司投訴取錄不公就有道理，因為她的會考英文成績比陳大姐的成績好很多。這次投訴便有力得多了，因為英文能力的高低，是能否勝任行政秘書的一個相干因素。

(三)訴諸適切的品德規範

品德價值通常以品德規範（對正確的行為加以規定，對錯誤的行為加以限制防範）的形式出現。品德規範有兩種：一般性的大原則（綱領），及特定性的具體法則（條目）。

在西方倫理學中，常被論及的一般性品德原則有仁愛原則（不傷害他人，助別人脫離危難，造福別人），公平原則（大公無私，一視同仁，若要別人怎樣待你們，也要怎樣待人），尊重對方意願原則（不「強迫中獎」，不作未經授權的大家長）等。至於在儒家倫理學中，常被提及的一般性品德原則有：仁、義、禮、智、信（五常），智、仁、勇（三達德），禮、義、廉、恥（四維），己所不欲、勿施於人（恕道）等。

例如討論「死刑的存廢案例」——

我們需要考慮仁愛原則。一方面，把罪犯判死刑，而不給他悔過自身的機會，是否對罪犯不夠仁愛？另一方面，不把罪犯判死刑，是否縱容罪行，間接鼓勵其他人爭相效尤，罪案劇增，對廣大市民不夠仁愛？其次，也要考慮公平原則。血債不用血償，殺人不用償命，有沒有對死者或死者的家屬不公平？

(四)掌握正確的世界觀

一個人的道德判斷，往往會受到他的世界觀所影響。世界觀對人的道德抉擇有很大的影響力。

例如「男女關係平等與否案例」——

古代中國的男女關係是不平等的；男人享有很多特權，女人卻要承擔很多義務，這是陰陽的世界觀所致。由於男屬陽，女屬陰，而陽尊陰卑，陽貴陰賤，陽主陰從，所以女性的地位不如男性。很多男人可以做的事（如提出離婚、嫖妓、考科舉），女性都不可以做，而很多女性要做的事（如服從夫命，夫死則自殺從夫，以示貞烈），男性又不必做。

現代中國人認為男女地位平等，女性不是男性的僕人或財產，女性的辦事能力也不弱於男性，因為我們不再接受一個二元層級性的世界觀，而認為宇宙不能用一個過分簡化的陰陽架構來理解。

二、品德教育具備基本的修養

(一)尊重他人的人格：

自己的人格固然很重要，可是他人的人格也是值得而且必須重視的。如果一個人不能尊重他人人格，也就無法談民主政治或民主生活，更無法進一步談培養民主素養！我們生活在一共同的社會中，很難人人的意見皆一致，因為每個人的生活背景及人格形成都不同，因此只有在互相尊重的前提之下，才能和諧地生活下去，民主政治也才能在和諧的氣氛下成長！

(二)相互容忍的氣度：

在民主政治中，最重要的生活方式，就是能夠容忍別人的意見。別人的意見和自己的主張發生衝突時，我們要能夠容忍，如果沒有相當大的容忍氣度只有徒發衝突，何能談民主政治及民主生活？若是在政治上有不同意見或因利害關係常常尖銳對立，或對政策採取不同看法時，如果沒有容忍的氣度來溝通，便容易有激烈的對抗情況發生。

(三)責任觀念的建立：

在民主政治中不像專制政體有種種束縛約制，每個人都可以在法律規範之範圍內自由發揮本身的潛力。蓋民主的最大前提在尊重人格，所以如本身不具責任感，在言論上極易信口開河，使社會大眾遭受侵害，在行為上易恣意任性，危害他人權益。所以談民主需同時兼論責任觀念，這樣的民主才能落實！

(四)應該守法的觀念：

人民如果不守法，沒有守法的觀念，一個沒有秩序的國家如何能繼續維持下去？最重要就是人民須要具有法律的意識。社會上的犯罪行為就是因為法律觀念淡薄而產生的，重者不守法，輕者企圖脫法，找法律漏洞，這些行為都足以破壞民主法治的基礎，危害社會。選舉為民主國家人民參政的最重要的方式，對大多數的民眾而言，投票是參與政治過程的唯一機會。一個國家的選舉必須達到完全公平與公正，讓所有候選人都能自由參加競爭，而競爭必定要有規則，為了達到選舉目標，參選的人員必要遵守，如此才能為下一代留下一個完美且完整的典範。

公民教育的淺析與落實

一、公民教育淺析

㈠公民教育是無所不在的身教

公民教育不是學校裡一週一堂的課，它是無所不在的身教。一個人的思想會影響一個人的行為，一個人的行為，會影響一個家庭中其他成員的思想及行為。身教比言教來得有力量，如果一個家的長輩能做好榜樣，那孩子才「有機會」看齊，為何只是有機會呢？因為一個孩子接觸到的人，不只是家人，還有同學（朋友）、還有老師、還有電腦網路、還有那個四方盒（電視），要教好一個孩子「是所有人都要努力的」，不是單靠老師、朋友、同學、教育部長或一個政策就能成事的。

㈡公民教育是沒有界限、隨處可得

沒有一門專門的課叫「公民教育」，公民教育完全是滲透在所有的課程裡，在政治課談國家體制，在社會課談社會結構，在宗教與倫理課談個人和環境的關係，在英文課談美國的民主制度，法文課講的是阿拉伯裔在巴黎的生活狀態，地理課講的是全球化下的經濟結構轉變，歷史課談的是個人良知的抉擇……。

公民教育無所不在，南亞海嘯發生時，報紙是連篇累牘的相關報導，但報紙會有一個青少年版面，和青少年讀者討論：「一個貧窮的國家發生如此重大的災難，富國有沒有責任？」再加上電視新聞的討論，家裡晚餐桌上的討論……。所謂世界公民教育，根本不需要一堂課來教你，因為它是沒有界限、隨處可得的，可能是學校，也可能是媒體，在這種環境下長大的孩子，怎麼會沒有世界公民意識？

(三)公民教育是地球村概念的培養

在全球的人均收入評比中，台灣人民平均所得是第三十名，超過紐西蘭、西班牙、葡萄牙、希臘，台灣是富國；就人口結構言，到了二〇〇三年時，台灣每三對結婚的新人，其中就有一對是與外籍人士通婚，每七・五個新生兒中，就有一個具外籍血統。實際上，我們自己社會的人口結構，已是多元民族的結構，但是我們的腦子裡，卻還沒有文化多元和地球村的概念。

台灣的世界公民意識，跟我們的財富根本不成比例，我們總以為是小國、弱國，其實是富國，因此對貧國是有意義、有責任的，但我們有這些責任感嗎？當我們的政府丟錢給窮國時，雖然說是買外交，但對該國的處境有認識、有關懷嗎？

二、如何落實深化公民教育

㈠時時關心國內外時事及情勢

二十一世紀是個新形成的地球村，各國間的情勢是息息相關，唯有本身能時時跟得上世界的腳步，才能將新的世界觀傳遞下去，教導下一代為新一代地球村村民。

㈡隨時警惕自己要吸取新知

終身學習是新課程的主要焦點之一，應當時時注意世界情形，關懷世界，且不斷汲取新知識，要能運用科技與資訊的管道，讓自己跟得上世界的脈動，成為社會文化中的一分子。

㈢幫助學生建立恢弘的世界觀

不要讓繁雜的知識，成為只會唸教科書的呆子，且生活行動上是遲緩者，以致跟不上世界腳步，凡事都落後，國家要進步也很難，唯有恢弘的世界觀，才能培養成為尊重他人，關懷社會，提升團隊合作，促進文化學習與國際視野的一員。

㈣幫助建立關懷人權的理念

人權已成為世界性的話題，現在的戰爭的原因皆是源於捍衛人權而來，關懷人權的觀念是一種情操，是學習合群互助的第一步。

(五)幫助建立法治社會的概念

現代法治的社會，法治成為唯一行事的規律，唯有法律才能讓這個複雜的社會能夠有法則進行運作，否則就亂了。因此法治觀念成為一個優良公民的基本條件。

(六)幫助建立寬容的宗教觀

世界之美，美在其多元的寬容，寬容讓世界變成是彩色的，寬容讓人們彼此相愛，以這樣的角度來看宗教的存在性，才能讓人類依靠宗教而相愛，才不會為小事大動干戈，因此培養寬容的宗教觀是有必要，是一種高尚的人文情操。公民教育一直是教育一個優良公民的基本教育，要有優秀的國民，必須先要有完整的公民教育，盼這樣的改革能將公民教育帶進一新的境界。

感恩過去，把握當下，創造未來

一、你就是發熱的燭光

你的人生像一列火車，總是有人上車，有人下車。朋友或仇人、情人或家人，都是列車上的乘客，只是有人和你同車的時間長些，有人的時間短些，每個人在上車之前，車票都先蓋了戳印，站程皆已注定，時間到了就上車，時間到了就下車，不容討價還價。而你，也是別人人生列車上的乘客，請把握同車的時間，以免分離時徒留遺憾。世界公民意識謂，有能力的人，請把你的燭光照得更遠，因為很多在黑房子裡的人，他們連蠟燭都沒有；有能量的人，也請你去關懷那些經濟的弱勢者。

二、把握當下，莫等待來生

一般人忙的時候，想要休息；渡假的時候，想到未來。窮的時候，渴望富有；生活安逸了，怕幸福不能長久。該決定的時候，擔心不如預期；看明白了，後悔當初沒有下定決心。不屬於自已的，常常心存欲望；握在手裡了，又懷念未擁有前的輕鬆。擁有時不知珍惜，失去了才拼命惋惜。因此，別讓自己徒留「為時已晚」的空餘恨。逝者不可追，來者猶未卜，最珍貴、最需要即時掌握的「當下」，往往在這兩者蹉跎間，轉眼錯失。人生短暫飄忽，人生如寄，轉眼即逝。瑞典格言：「我們老得太快，卻聰明得太遲。」不管你是否察覺，生命都一直在前進。人生並未售來回票，失去的便永遠不再。因此如希望寄予「等到我如何如何的時候，我再怎樣怎樣」，我們不知已失去了多少。

三、生命價值在於發揮良能

最近，社會上常發生信仰偏差的事件，很多人認為這是宗教問題，其實錯了，真正的宗教沒問題，是有人把宗教信偏了，才會產生問題。宗教是「人生的宗教、生命的教育」，人生的宗旨是什麼？我們一定要知道，才不會迷失方向。很多人不明白人生宗教何在，不知自己在做些什麼，做了之後才來後悔，人生最大的懲罰就是後悔。

人生的方向如果正確，就可以活出人生的價值。我們該常自問，自己的人生價值是什麼？人生沒有所有權，只有使用權，我們今天有健康的身體，就要趕緊付出力量給人群，做了之後得到歡喜，便是我們最大的收穫。最後，我想說的是甘地說過：「You must be the change you want to see in the word.」，要改變世界必須先改變自己。

王鎮華

成功與成熟——

心用覺成事？覺看心成長！

德簡書院主持人／王鎮華

成功的人越多，社會看不到的代價就越大。——王鎮華

在社會成功的人，成熟嗎？

家裡的孩子知道，身邊的親友知道。（傳記裡不知道）

成熟的人越少，對成熟的了解越模糊而不重視，

那麼，成功的人越多，社會看不到的代價就越大。

父母都希望子女幸福就好，而不必多成功，

成熟會使生活沁出幸福感，至少終究會。青少年、青年若偶俗、好名，最是浪費生命的潛力、浪費人才，那是成長被短路，社會人工的一套機制宰制有效的跡象。風氣若形成，則國家的未來、競爭力堪憂。

到底什麼才算成功？好問題。成就、成名、成功、成熟、成德、成道……要做到什麼程度？有沒有一個界面可當判準？

一生龐大的潛力內勁，若懂得安身立命的大方向，自己舒暢，又有益別人，若不懂假裝懂（如被媒體宰制），而急於證明自己，結果不成為家庭社會的麻煩製造者也難。《易經》說：「乾知大始，坤作成務」這個知可不是說說喊喊，「性命相與，以身作證」的意願，從這個生命之知產生，那是一個夠大的開始。

成就與成名

先看成就與成名。前者指外在的權、利、慾等，各種力量可以換取各種慾望的滿足，令眾人生羨。後者如名、慢、信等，知名度、優越感、認同感……也許有些內在因素，主要是叫座，與量有關。早期阿扁家六項全能，許多台大的學生都投他一票，如今陳幸好一句「媽媽，怎麼辦？」警醒了一切。國際金融股票炒作手索羅斯，在電視上說，我不道德但我守法。成就成名只要守法而可以不道德嗎？這是麻雀變鳳凰的問題，拜金的台灣已蠢蠢欲動。首富郭台銘說，有錢人多不快樂。為什麼？

成名成就，傳統所謂名利，主要是走「量」的多數路線與各種「力」的掌握，但力量並不能帶來幸福，如何使用力量才是智慧。所以，莊子說：「不雄成，不逆寡。」雄即各種勢力，寡即優質少數，這是大氣的智慧之言。民主多數決的真諦在：經輿論公聽，選取優質少數，這要有不逆寡的精神。政商、媒體的滑落與隱痛在此。

成功與成熟

再看成功與成熟。成功，靠自己下過功夫，不是靠一張嘴、一顆厲害的腦袋，巧取豪奪。所謂「功成名就」，成就成名要看是否自己努力得來；努力就是最起碼的實踐原則，背後的價值觀即：一分耕耘一分收穫。不勞而獲大多非法，暴利大多不道德。天下的事總要有人去做、認真做、踏實做、不留副作用的做，所以勞動神聖、勞心神聖、心血神聖。努力不努力、實踐不實踐，其實，終究會影響到社會的安定動盪、歷史的治亂興衰。

我們肯定成功比較多，是因為實踐、下功夫裡面有較多的成長，這就碰到成熟了。教壞孩子瞎掰、合理化，是終身難救的「開錯竅」，而「怠惰是一種精神上的疾病」（蒙特梭利）。那成長是什麼？成熟是什麼？這牽涉到與人為的社會抬面不同的一個世界—天然的生命場域（簡稱生場，以便與抬面對照）。

萬物都在生長，有生命過程，有成長法則，且交織成一首生命的交響曲，和諧一體。人的成長、成熟，必須面對這一體感的大生命才說得貼切。人的成長是一種實踐心得，類似植物生長、生成正果的實踐心得。這當然不容易。社會抬面成功的人，他成熟嗎？家庭天倫有無因逃避而犧牲是一指標；他自己中年危機的考驗也在此：有生之年，還追求外在成就（文明），或充實內在成長（文化）？兩者是有可能重疊，但經常分離，甚至隱抑矛盾。蒙特梭利發現某些未正常化人格，由四種偏態組成：「佔有慾－權力慾－自卑－焦慮」。今天正由資本主義在電視報紙上鼓吹、加重病情。有人就是內在成長受傷卡位，才瘋狂的往外，想以成功證明自己成熟，結果造成歷史的斑斑血淚，大屠殺、大鬥爭、大仇恨……能宰制千萬人，卻管不住自己，不了解自己。原來，生命本身是人類的盲點，用生命厲害萬分，回頭卻不了解生命本身。

再多的生命科學，少了一顆自主心；再多的心理學，少了向上提升的天人高度；再多的宗教，衝突不斷溝通困難，少了一點平等感、一體感……這些還都需要肯定，問題是如何整合？尤其，如何簡單明白的整體把握？現在，知識爆炸專業操盤，你心悅誠服嗎？使用專業知識技術背後的人格，你放心嗎？扁家已把台灣許多專業檢驗了一遍，如人事升遷體制，金融、企業，國防、外交，司法、醫學，乃至教育……這是大體檢，未嘗不是好事。人若無格，不會反省成長，知識太多跟太少效果相近；「霧煞煞」（台語）很接近「空茫茫」。我喜歡《聖經》的那句話：「是就說是，非就說非；其他多餘的便是出於邪惡。」整體簡明把握之後，「默契在心，莫逆於行」又是一個問題：人如何自知、自律、自勝、自持？這是成長成熟的主要課題。

成熟的工作場域，主要在生命場域本身，而非社會抬面。老子說：「知人者智，自知者明；勝人有力，自勝者強」即分清了兩者。生命本身，包括三個子題：整合的簡明性、整體的一體感、人心的自知修養，一環扣一環，即下文要談到的德、道、義。司馬遷說：「不挾長，不護短。」這就是第三個子題的重點。人類的自主心太會隱藏、太會刻意、太會利用，卻不知道成熟面對的是上帝、大自然、自己凡心的長進。你有沒有覺察發現，在生命要保持的，在社會要切割，在社會要保持的，在生命要洗滌？當然不是必然是經常，是日益相反。

自明之德與自然之道

前兩個子題，生命整合的簡明性、生命整體的一體感，這就關係到成德與成道兩種成功（廣義）了。

《易經．離卦》說：「履錯然」，人面對天然生命的行為，一做就錯，困惑連連，需要靠歷史的傳統智慧啟蒙、教化；那就是《易經．坎卦》說的：「有孚，維心亨，行有尚。」孚即信，有可信的兩條路走得通，心理上有一種通暢的狀態可信，行為上有一種長進高尚的作法可信。《易經》的「孚」，母雞腳爪下子雞孵出，孵蛋乃生命之道的信，這與「人言為信」的信不同，這一點值得大注意。

心頭通明就是德，自然生命就是道，長進行為就是義，義行即德行或道行。這裡已碰到中國文化的源頭景象，源頭渾樸直簡，謹先點出雙眼；我們要說明的是祂，我們要借之理解的也是祂，否則有限的理性不太夠用。造化者與祂造化的萬物，在我們人類自主心中，原本配備了天賦的德與道：

德：直心、覺知、心光、自明。直心為德，天心覺知自明——亦即主。

道：自然、生命、脈絡、自化。道法自然，生命自化過程——亦即體。

有個故事一直在我心上，可以提出來咀嚼玩味了。有次子張問孔子：讀書人要怎樣才可以叫做「達」？孔子反問：你說的達是什麼意思？子張說：在朝做官有名望，在野居家有名望。孔子說：這個叫聞名，不叫達（達介乎成功與成熟之間，達成某事為成功，達德為成熟），接著孔子定義達與聞：

達：

「質直而好義，察言而觀色，慮以下人。在邦必達，在家必達。」

聞：

「色取仁而行違，居之不疑。在邦必聞，在家必聞。」

《論語》句法簡明扼要，翻譯解釋反易失焦。我得冒險一試。聞的定義好懂，偽善者加自我認定，居之不疑就可以聞名朝野。達的定義，字都認得，意思略懂，明白可不容易，因為要先清楚直、義、言、色、慮五個字在當時的含意：

直：

指直心、正直，即德（直心）與德必默契的道（直道、正道）。

義：

指義行。亦即德行、道行。古代德、道、義三者，必須一貫相通。

言：

指語言，一個察字要我們分清語言的表裡。

色：

指面色、態色，即外形，色與上面的質字相對。內本質外形式，人易流於學個外貌姿態，所謂文飾是也。即今天的形式主義。

慮：

即思慮、思想。生命定位由義行決定，人卻容易將自己的尊嚴、尊卑定位在思想上，因而好比高下、爭論不休，所以孔子說：深思熟慮者可以退讓。義行則「依中行義」《尚書·不讓》。

總之，堅持愛好直義，保留看清言色，思慮深入反而退讓能下，這樣的人才能達成正事，甚至達德、達道。問題來了，一個直字引出德與道兩個文化的核心觀念，不能不徹底澄清。一旦明德知道，相信整個民族、歷史、時代都會舒一口大氣。

有孚惠我德

孔子曾總結性的說：「志於道，據於德，依於仁，遊於藝」，有兩次「知德者鮮矣！」的感嘆，並有「朝聞道，夕死可矣！」的讚嘆，可惜未見德道兩字聯用的句子。再往上探源：

《易經·益卦》：「有孚惠我德」。

老子：「道法自然」。

《大學》說：「德者本也」，本立而道生，是否可以連起來了？其實，《大學》三引《尚書》有關德的句子，然後下了「皆自明也」的註，是打開關鍵的鑰匙。《大學》起首之句「大學之道，在明明德」從此可解了：學習大道，關鍵在－明白自明的直心（古代德的寫法，即直心兩字重疊）。老子說「知和曰常，知常曰明」，有自明的德就了解自然和諧的常道，於是孔子說：「道不遠人，人之為道而遠人，不可以為道。」夠清楚了。但，自明是什麼？回看前面德道雙眼的定義，德：直心覺知，心光自明是也。生活裡面，在當下現場經常心光乍現、覺知自明，那就是天心親臨、直接示現；若當場壓抑下來，夜深人靜、午夜夢迴時，覺知又襲上心頭……千萬不要說沒這種心頭一亮的奇妙經驗。沒有電光火石的覺知，就沒有興奮、也沒有成長。

德有兩個特性，需要人心善待：(1)如飛鳥遺音，稍縱即逝，故需捕捉，即隨手記下心頭覺知。(2)默會而未達明晰，需定心「傾聽」默會，並以實踐達到明晰。當然，祂會一再地來叩門，如壓抑會不安焦慮，你多次聽到，你的心門打開了嗎？心與覺打通者，默而識之、覺知自心、坦然承當。率真、耿直、爽氣、舒暢、大方……是接觸德者氣氛。當然這也有人裝。

其實，難懂的是道。德屬頓法，道屬漸法。天心本來就在你心中，你的心夠真摯、夠誠懇……至誠即德；本來沒門，那道無縫門是人心用「執意」打造的。狂心頓歇，虛心即見。但是，心頭頓覺太敏感、太容易出偏，上天以道的漸法內外雙軌，確定生命的存在感。德必然呼應默契道，造化者一定存在於祂造化的萬物中，此應無疑。

上文定義道：自然，生命，脈絡，自化。難懂是因為：人的思想把「自然」弄得很不自然，把「生命」割裂處理，把活活潑潑的生命「脈絡」，過度概念化物化，對生命的變化（生之「自化」）不懂，自己卻在那裡亂變。現代化發展到今天，西方理性的成就該肯定，但理性的困境如何突破？日劇阿信說得好：「走投無路時，才會去思考人生。」人路的盡頭是悠悠天道。阿信兒子事業成功時說的一句話：「生意歸生意，道義歸道義。」一個切割的實例。原來，人為社會與生命場域兩個世界，就在心頭一念之間的移動或變質—凡心還要不要顧及天心？生意還要不要顧全生命？德就是這樣一點一點被腐蝕、被遺棄的，天良不存，天道何在？詩人里爾克說：「挺住就是一切」。至哉斯言，挺住良心，挺住道義啊。天下興亡，匹夫心頭！現實社會，「飢渴慕義」啊！

談道見修養工夫，《中庸》說：「苟不至德，至道不凝焉。」這裡不宜再多談。根據上述定義，明德而道生，道應該留給自己直接去體會，在德的引領下可以無大過。有主體經驗、生命經驗，就讀懂那些古書了；接觸太多人為的東西（如戀愛配備），回到生命仍一知半解（如婚姻育兒），而且混淆比錯誤可怕。

德道即主體、存在、中道

德與道合起來，許多生命的秘密、困境都豁然而解，一切不可能澄清的糾結、混淆，都明晰的朗然在目；一如臨終，一剎那回顧一生，歷歷如繪，點滴心頭。為什麼？

天賦的德與道，就是人類快要遺忘的主與體。許多文化上的重要觀念，就由德道核心放射出來，如生命、德道、主體；人格、格局、本體；歷史、傳統、文化等，這九個觀念定義不清，就是根源的德道不明。再進一步，德與道、主與體合起來，自明自然、內真外實、明晰生動的「存在」就在眼前，這就是中道；中道，是一切真理的判準，也是人生可貴的步伐：

主體，明然，真實，存在—主體即存在；

當下，心頭，眼前，中道—存在即中道。

總之，德道即主體，主體即存在，存在即中道，這三句到家的話，說明了人格、格局與天要人走的生命步法，這就是被人類這顆「自主心」遺忘的天賦天命。「存在的遺忘，主體的隱退」正是現代發展到後現代的處境；「良心的刺痛，現場的尷尬」說明了什麼？

人類不可能只要自主心的自由、自主，卻閃躲了上天配備在自主心中的德與道、主與體。西方的主體從來不是這樣解釋，一個德心，康德將之歸誰？耶穌將之歸誰？我很好奇。也許，西方哲學與宗教、宗教與科學的緊張（分合失據）可以化解了。

知道了德與道，人類還可能二度執著，變得更優越感、更壓迫人。德之主（如覺知），至高至平；道之體（如天性），至大至實。所以真懂的人，不二度執著、不偷渡、不利用，而是用德回看自己的心，用道回顧自己的身，「謙虛」與「和諧」就成了指標性的表徵。愛因斯坦說：「謙虛是我的信仰」多到位！子路喜歡批評別人，孔子說：「夫我則不暇」，他老人家即忙於修養自己，這就是教育，天下希罕的不言之教。文王「烈格不瑕」，格有止、正兩義，即有所不為、有所為，即修養，文王更忙更強了。他就是中國文化的始作好樣者！謙虛再加踏實，平實做去，近乎修養了。修養正是成德、成道的正事。

成德與成道

下面用立、達、成三個字，只是程度之分，有時可能重疊。

立德，即立志而明德；**達德**，即用智仁勇三美德，德行進德；**成德**，即心之德行充分，心充分與德合一。**立道**，即充分明道；**達道**，即修身齊家治國平天下，把天倫的本分事做好；**成道**，即心行達到天人合一境界。德與道內外合一，原本一致，對人心而言，成道略後於成德。約略如開悟而後證悟、證成。莊子喜列天人、神人、至人（大人）、聖人（道人）……等境界，從其〈逍遙遊〉、〈秋水〉、〈天下〉諸篇核對，其實只是：

天人：本乎天—以天賦德道為人格主體者。

神人：不離天之生（自化）—「神人無功」，天生非人為，無功指無為。但老子說：「無為而無不為」，生命自化要很用心學習、照顧、會活。

至人：不離德之真—「至人無己」、「大人無己」，己心曲折被德心修直。

聖人：見端微知來道—「聖人無名」、「道人不聞」，名譽是無求的口碑，沽名釣譽是抬面事，成德體道無名不聞很自然。

後兩者即成德與成道。在中國文化中，最高的只是聖人，絕不僭越天僭越神；人人都是神子，本可過天人生活，關鍵在—德，直心、本心、天心……到底還在不在？心頭自明，覺知常湧上心頭，真的要承認嗎？這是要命的一步。

天人兩界，成功與成熟，心頭自明

六種成功的範疇，如今可以「更簡化」的整理如下：

1成就：追求各種「力」：權力、財力、知識力、媒體力、公關力等。力是生命內勁的異化。現代消費生活，有力沒勁。

2**成名**：建立在「量」上面，傳統社會相信「質變帶來量變」，如今看到「量變帶來質變」。面對多數，傳統是「上提」，資本主義是「下滑」。量是生命質量（合一）的異化。大眾路線有量沒質，很是撤氣。

3 **成功**：重點在用心、下功夫。石頭不會自己矻立山頂。

4 **成熟**：就看自己這顆心有沒有成長、長進。一般成熟者，人格穩定穩重，旁人信任他、親近他，甚至效法他。不生氣、少情緒是指標。做事風格：腳踏實地，平實裡面就有開創性。

5 **成德**：心念接近德了。

6 **成道**：行事接近道了。

成功與成熟跨天人兩個領域。社會成功未必成熟，人格成熟未必成功；但成功因不成熟而終於失敗者多，成熟因不成功而重回幼稚者少，應該說他會堅持到底，不成功也無所謂，甚至知其不可為而為之。這是天人之際、內外之間的人類關鍵問題。人本乎天，內形於外，這裡面有本末關係。成功與成熟面對兩個不同領域，其界面也在心頭─心與覺，心用覺作事，覺看心成長，這在獨處時最自明。所謂「贏棋輸人生」是成功不厚道，所謂「不以成敗論英雄」是沒成功不失欽佩，至於「成者為王，敗者為寇」，信者心中只有成功，且認定成功者解釋歷史。那周遊列國失敗的孔子呢？隱逸的老子呢？天下紛亂，就是靠成熟者維繫文化，成德成道者體現天命。沒錢是貧，沒辦法是窮。處亂世孔子說：「君子固窮，小人窮斯濫矣！」誰在亂世還忍心來亂？

以上六種成功，在古代都圍繞在德道這根主軸上，受西潮衝擊後，清末至今，連德與道都向外在的成就、成名傾斜。即把德與道的心得，都拿到抬面去賣、去利用，神聖的宗教、修道也成了一種專業，一種技術，不再是天賦本有。願意下工夫、面對自己過失、欠缺去修養的人少了，還相信理性困境、世界和平需靠德道的人更少了。「不幸」，世界文化的桂冠正落在中國古文化—德道的主體上。這是兩岸新文化的起點。德道是否也具普世性？《詩經》說：「予懷明德，不大聲以色。」讓人德心判斷吧。

教育家蒙特梭利在一九〇七年，從嬰幼兒身上有兩大發現：吸收性心智（覺知良知）與敏感期（天性良能），居然就是德與道。她說嬰幼兒是我們精神的老師，孩子也是世界和平的導師。「戰爭與和平的關鍵，不再維繫於捍衛國界的軍事武裝，而繫於人類本身；當社會組織散漫、自我價值低落時，人類的大敵—戰爭就會乘虛而入。」人類本身的什麼？天德與天道一直在那裡，不需要庸人自擾，但，「你怎麼對待天賦的德道、自己的主體」卻是文化、學術、教育的核心，那就是你的文化水平、成熟度、氣質，那也決定了社會風氣與時代潮流。蒙特梭利說：「誠實勝於一切」正中紅心，誠與實正是德與道。誠實被人們說爛了？不，謊言只會把誠實磨得更亮。每次聽人說謊，你注意內心反應，自己說謊你注意覺的反應；這樣，天人共處心頭，文化就落實在生活了，一切正常化開始啟動，道也將開始浮現。

傳統社會、傳統文化所重視的美德，多是有關成熟的，或基於成熟的成功。不要把美德當左派（激進）右派（保守）的右派。激進而不自知、禁不起考驗、保守而不自勝，無法獨立振奮，那就是無格，而傳統美德在教的就是「人格的建立」。

台灣是有文化的地方，應該看得透：抬面成功的背後，必要生命場域成熟！

南方朔

世界不再喧囂？

——閱讀南方朔之後

作家／陳祖彥

不能放鬆努力，要活得正正派派。碰到逆境時就氣這個，恨那個，其實毫無用處。——南方朔

這是呼叫大師氾濫的年代，文化圈只有一位，眾人早公認的大師。大家常看他隨身帶書，抽空閱讀，大半是讀最新知識，有時是去香港買的。

父親在他讀小學五年級時猝逝，久遠前的午后，上課時，鄰居到學校通知他，爸爸出事了，他馬上回家，哭成一團的母親，帶他和姐妹們到醫院，他父親全身被飛機油箱爆炸的大火灼傷，除了眼睛，全身被紗布包裹，目光泫然，是最後一面。

他父親少年時離家到上海的機械工廠當學徒，而後當機械工，又在部隊當機械士，機工長，當學徒的時候，被機器壓斷左腿，此後只見一腳高、一腳低走路。小時候，一不如父親的意，就挨打，包括第一名變第二名，都有份，有時被打得跑掉，都因父親死後保留舊身分證，兩張泛黃的舊人頭照，還有簡陋的神主牌，成了他成年後的綿長回憶。他寫：「我從未因為被打而痛恨過他。失去父親會使一切的委屈都變成思念。我寧願他一直活著，縱使被打得天荒地老。」〈爸爸的神主牌〉

他不識字的母親在父親死後，以幫佣和幫人洗衣服維生，他坦言，幼年，他在母親的卑微中受傷害，尤其，幫洗衣的人家，有兩家是同學，他不再和他們說話，上學繞過他們家，傷害造成恨怒後，即使小學老師不收他補習費，他都防衛和拒絕善意，甚且以為是帶著侮辱的憐憫。

南方朔的《世紀末敘情》裡，除了〈爸爸的簡陋神主牌〉，合讀〈暗夜裡的哭聲〉、〈食物常是母親的記憶〉，更讓人了解他的童年、少年，那時的心靈幽微。

唸中學時，很長一段時間南方朔沒帶便當，（那時候的名字是王杏慶）他回家和母親一起洗衣服，草草吃過飯後回校，一直到高二，一天勝一天的委曲，讓第一、二名成為往事，有天拿回家的成績單糟到極點，半夜，聽到哭泣聲，初時惱怒，漸漸聽出哭聲中的絕望，終於悄悄淚流滿面。他寫：「……世界上大概只有母親的眼淚可以讓人淨化。我後來的人生種種，從那個時候開始。儘管沒什麼顯赫風光，但再也不願讓母親在暗夜中繼續她絕望或羞辱的淚水。」〈暗夜裡的哭聲〉

〈食物常是母親的記憶〉裡，他先描述普魯斯特在《追憶似水年華》裡，如何寫食物的記憶，筆峰迅速轉寫：「……因而食物的記憶總是勾起母親、家人、愛情等過往。我自已有時下廚，煮啊煮的，也不知道為了什麼原因，就煮出了母親的味道。」

在大師的著作裡，好幾本以世界知名詩人的著作為靈感，寫出關於愛情、生命成長、成功、失敗等等的知性、感情。

《有光的所在》裡，南方朔說：有三首詩，在他人生路上，一直提醒他「不能放鬆努力，要活得正正派派。碰到逆境時就氣這個，恨那個，其實毫無用處。……」

這本集子裡，一篇〈選舉之後想到三首詩〉，是他選舉後想起的三首，我卻想起《世紀末敘情》裡，上述關於他父母的篇章。

他由於選舉想到的詩是：

莫言下嶺便無難
賺得行人錯喜歡
正入萬山圈子裡
一山放出一山攔
——過松源晨炊漆公店

涇溪石險人兢慎
終歲不聞傾覆人
卻是平流無石處

時時聞說有沉淪
——涇溪

險極坡難過
小心各自持
勸君平地上
還似過坡時
——小心坡

大師在這篇文章前，開宗明義寫：「從小就喜歡讀詩，尤其喜歡從各家詩集裡將有哲理意涵的詩找出來閱讀，並將它們置諸座右，這些詩幫助著我走過漫漫人生。」

第一首宋代楊萬里寫的〈過松源晨炊漆公店〉，大師這樣看：

「楊萬里幾乎可以說是古代最好的哲理詩人。他最擅長就近取譬，從小事情看大道理。這首詩講人生原本就是一次高高低低起伏的旅程，有時上坡，有時下嶺，每個人千萬不要以為自己會永遠處於順境，也要為時時刻刻都會碰到的逆境作準備。」他提示，人們要「順境時，想逆境」。

唐代杜荀鶴的〈涇溪〉詩句淺白，表彰逆境人們努力謹慎，因而平安，順境粗心大意，反有危險。

第三首〈小心坡〉是清代袁枚所寫。他表示：

人生原本就順逆交錯，處順境時不驕不忞，在泰然中多一點警戒自慎；而處逆境時不憤不躁，在努力中多一些反省和憧憬，……大師勸人小心啊。

我們看到評詩之外，南方朔的自述：「我的出身不怎麼幸運，碰到倒楣事情的機會多，運氣好的時候少。人生這樣一條路七上八下的走過來，很感謝前面所引的這些詩給我的幫助。」他選舉後，看到有人狂歡，有人氣結，想起前三首詩。到底是哪次選舉，沒明說，不必明說，從來的選舉都一樣，儘管選上和落選的人不同，狂喜和憤怒的氛圍不變。就像詩總是歷久彌新。我想到的，卻是大師的童年，少年，以他那時候近乎自暴自棄，他那時看過這三首詩嗎？這三首詩幾時成了生命的重力？

想必他「碰到倒楣事情的機會多」指的不是童年、少年，因為「人生這樣一條路七上八下的走過來……」包含不知多少歲月。哪些事讓這三首詩發揮巨大力量？我們不必太好奇吧。

還有一首詩也充滿勵志性，《感性之門》這本書裡，文章的題目是〈活出真實的人生〉，詩名〈下雨天〉，作者為十九世紀美國詩人郎費羅（Henry W. Langfellow,1807–1882），指出人生原本多風雨。

Be still,sad heart!And cease repining;
Behind the clouds is the sun still shining;
Thy fate is the common fate of all.
Into each life some rain must fall.
Some days must be dark and dreary.

靜下來，悲傷的心，別再訴苦氣餒，
烏雲之後太陽依然明亮生輝，
你的命運如同所有其他人，
每個生命總有風雨會降臨，
某些日子難免幽黯傷悲。

中外詩家寫出相似境界，意蘊，可見詩人對人生的體會大體相同。不管擺在哪個時間或空間的人生角落，都有不變的雨天、太陽。

重讀大師的書，令人驚異的是，遠在二〇〇三年他的著作《詩戀記》裡，一篇〈不管好名壞名〉的文章，就洩了底，前一世紀詩人賀拉斯（Horace，65BC-8BC）這樣寫：

我造了個紀念碑比銅像更耐久
他高過金字塔的帝宮殿
我將不會徹底死亡，我的一部份
將比死亡更長久，我將一直成長
在死後的被讚揚裡常新

大師以詩為證，自古以來絕大多數人的夢想都是讓名長久，而「在這個媒體發達，一切來得急但也去得快；虛和實，善與惡皆混淆的時代，『名』的定義也告改變，『作秀』和『表演』已取代了一切，而『不管好名壞名，只要有名就好』的價值則成了主流」。大師又寫「『有名就好』是群眾時代的特色」。這群眾時代幾時開始的？

《有光的所在》裡，一篇〈出名最重要？〉，大師引用十七世紀大詩人米爾頓（John Milton）的詩句，在成名不再依靠家世門第，需仰賴自身努力的時代。

詩人寫：

出名是馬刺，清純心靈因此而起
這是高貴心靈的最後弱點
它拒絕喜樂歡逸，努力著他們的日子

出名不是長於必朽之土的植株
而是依靠純淨眼神而活並高高播散
作為審判大神的完美見證

以那時代來說，「它是勞苦的報償，是人在地上行著天上的道理。」米爾頓很怕「出名」和「榮耀」相混，又述：

> 榮耀何用，當它不過是出名的光焰
> 若人們的稱頌不再相配？
> 當人們變成混淆的一窩蜂
> 一群狂亂的人、提高
> 庸俗的事物，但卻不值得歌頌？

文中提到另一位著名文人鮑斯威爾（James Boswell）寫的是：

> 非常確定，我不是偉大的人物。
> 但我對偉大的人物充滿了熾熱的愛，
> 從他們裡面，我找到了榮耀。

以出書時間看來，情況從二〇〇〇年就壞了，還不是二〇〇三。這本二〇〇〇年出版的書裡，大師不禁感喟：「這是二十世紀末的出名，是『電視病理學』的延長。它以媒體為橋梁，出名為中心，世界上的一一切則都成了道具。當出名成了如此的魔咒，難怪有了這樣的真人真事：一個兇手致函美國警察局，問說：『要殺幾個人，才會受到全國媒體的注意？』答案是六個。六個人的性命造就了一個人變態的出名慾望！這些怪胎亂人的名字會留存在某種紀錄裡，電視機智回答也會被提到，但他就像肥皂劇一樣，見證著時代的荒蕪。……有名的人要用更多的表演來讓自己不被忘記，沒名的人則要創造表演來搶著出名……」

八年後，我想起大師在《給自己一首詩》裡，一篇〈讓一切從此不同〉的詩，引用了美國詩人佛洛斯特（Robert Frost,1874–1963）〈未曾選擇的那條路〉（The Roat Not Taken）的最末：

我將慨然太息的述說
將來在某處待時日將窮：
兩條路分岔在樹下，而我──
我選的那條則少被走過
而它使得一切因此而不同

這位美國讀者最喜歡的詩人，在這首詩裡，「有自述心境的意味，但換個角度看，也未嘗沒有勵志的哲理性。人的命運是一連串的叉路和選擇……」（南方朔語）

也許大師之所以成為大師，正如他〈追求不平凡〉一文中寫：「……他期勉世人要追求不平凡，要像天鵝一樣以高尚自期，別成了庸庸碌碌的凡人。普遍的鴨鵝雖好，但怎麼能和天鵝相比。」

我們不知道這段話代表他多少，至少，自幼困頓的大師不愛上媒體，也不追逐名利，為眾人周知，他以專業成為大師。

這是個例子嗎？一如〈未曾選擇的那條路〉寫的——我選的那條則少被走過／而它使得一切因此而不同。

幾時世界不再喧囂，真成光的所在？

【註】《世紀末敘情》、《有光的所在》、《感性之門》、《詩戀記》、《給自己一首詩》均由大田出版社出版。

成功的背後

作者◆陳祖彥 主編
發行人◆王學哲
總編輯◆方鵬程
主編◆葉幗英
責任編輯◆吳素慧
校對◆許素華
美術設計◆吳郁婷

出版發行：臺灣商務印書館股份有限公司
臺北市重慶南路一段三十七號
電話：(02)2371-3712
讀者服務專線：0800056196
郵撥：0000165-1
網路書店：www.cptw.com.tw
e-mail：ecptw@cptw.com.tw

局版北市業字第 993 號
初版一刷： 2009 年 2 月
初版二刷： 2009 年 2 月
定價：新台幣 300 元

ISBN 978-957-05-2337-9

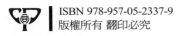

成功的背後 ／ 陳祖彥主編. -- 初版. --臺北
市 ： 臺灣商務, 2009.02
面 ； 公分
ISBN 978-957-05-2337-9（平裝）
1. 臺灣傳記 2.訪談

783.31 97021820

現代影示錄

（新萬有文庫）

作者：周啟行　定價：350元

節選54部影片，把視聽元素的基本論點，評論鑑賞的竊竊私語，由電影故事引發的生活感悟，即興書寫的觀影備忘，超乎影像之外的聯想和心得匯流，衷心希望這些「蒙太奇」都留在您眼前的這本書裡，因為電影比生活更真實、更動人！

杏林深耕四十年

（新萬有文庫）

作者：陳文龍　定價：250元

作者把求學、謀生、創業的經過記錄下來，做為清寒醫學生、住院醫師的參考。當面對基礎醫學研究或臨床工作；在教學醫院或開業做基層醫療；留在外國工作或回國而猶豫不決時，有個明鏡可做參考。

讀者回函卡

感謝您對本館的支持，為加強對您的服務，請填妥此卡，免付郵資寄回，可隨時收到本館最新出版訊息，及享受各種優惠。

■ 姓名：＿＿＿＿＿＿＿＿＿＿＿＿＿ 性別：□ 男 □ 女

■ 出生日期：＿＿＿＿年＿＿＿＿月＿＿＿＿日

■ 職業：□ 學生 □ 公務(含軍警) □ 家管 □ 服務 □ 金融 □ 製造

□ 資訊 □大眾傳播 □ 自由業 □ 濃漁牧 □ 退休 □ 其他

■ 學歷：□ 高中以下(含高中) □ 大專 □ 研究所(含以上)

■ 地址：＿＿＿＿＿＿＿＿＿＿＿＿＿＿＿＿＿＿＿＿＿＿＿＿

＿＿＿＿＿＿＿＿＿＿＿＿＿＿＿＿＿＿＿＿＿＿＿＿＿＿＿＿

■ 電話：(H)＿＿＿＿＿＿＿＿＿＿＿＿(O)＿＿＿＿＿＿＿＿＿＿＿＿

■ E-mail:＿＿＿＿＿＿＿＿＿＿＿＿＿＿＿＿＿＿＿＿＿＿＿＿

■ 購買書名：＿＿＿＿＿＿＿＿＿＿＿＿＿＿＿＿＿＿＿＿＿＿

■ 您從何處得知本書？

□ 書店 □ 報紙廣告 □ 報紙專欄 □ 雜誌廣告 □ DM 廣告

□ 傳單 □ 親友介紹 □ 電視廣播 □ 其他

■ 您對本書的意見？（A/滿意 B/尚可 C/須改進）

內容＿＿＿＿＿ 編輯＿＿＿＿＿ 校對＿＿＿＿＿ 翻譯＿＿＿＿＿

封面設計＿＿＿＿＿ 價格＿＿＿＿＿ 其他＿＿＿＿＿

■ 您的建議：＿＿＿＿＿＿＿＿＿＿＿＿＿＿＿＿＿＿＿＿＿＿

＿＿＿＿＿＿＿＿＿＿＿＿＿＿＿＿＿＿＿＿＿＿＿＿＿＿＿＿

＿＿＿＿＿＿＿＿＿＿＿＿＿＿＿＿＿＿＿＿＿＿＿＿＿＿＿＿

臺灣商務印書館 The Commercial Press, Ltd.

台北市100重慶南路一段三十七號 電話：(02)23713712轉 50～57

讀者服務專線：0800056196 傳真：(02)23710274

郵撥：0000165-1號 E-mail:ecptw@cptw.com.tw 網路書店網址：www.cptw.com.tw

廣告回信
臺灣北區郵政管理局登記證
台北廣字第6450號
免貼郵票

100

台北市重慶南路一段37號

臺灣商務印書館　收

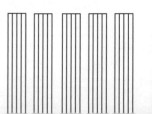